고독한 도전
아메리칸 드림을 넘어

A Lonely Challenge,
Beyond the American Dream

고독한 도전
아메리칸 드림을 넘어

A Lonely Challenge,
Beyond the American Dream

금융인 **고석화** 회고록

JEI 재능교육

내 삶의 절반 이상을 같이했던 금융인으로서의 여정이 그리 녹록
치만은 않았다. 때로는 황홀했던 순간과 벅찬 보람을 느낄 때도 있
었지만 가슴을 찌르는 고통과 두려움의 시간들이 더 많았다. 지금 이
순간 숱한 회한도 남는다.

주머니 속 유리잔 같은 아슬아슬한 삶을 살아오면서 개인적인 욕
구와 아픔을 감내하고 희생하며 오직 은행만을 사랑했고 은행만을
위해 열정을 다했음을 감히 고백한다. 이같은 은행 사랑의 일념이 내
전진의 원동력이었고 자산규모 180억 달러의 미국 중견 은행으로 성
장한 뱅크 오브 호프의 밑거름이 됐다.

돌이켜 보면 한인사회는 이민 120년 동안 이민자로서의 아픔과 감
격의 자갈밭 길을 달려왔고 때로는 격동과 혼돈의 가시밭 길도 지나
왔다. 이같은 고난의 이민사에서 한인은행의 성장사는 초라하지만
드라마틱한 불멸의 대서사이며 다음 세대가 더 큰 발돋움을 위해 여
전히 기억되어야 할 역사의 파노라마이다.

이 회고록은 지난 40년 동안 한인은행 성장의 작은 한 부분을 담당했던 은행 이사장이 직접 체험하고 겪었던 한인은행의 영광과 고뇌의 기록이다.

조건부 영업정지 명령(C&D)이라는 풍전등화의 위기에 놓였던 윌셔 스테이트 은행 이사장을 맡아 자본금을 구하기 위해 주주들을 찾아 이리 뛰고 저리 뛰어 다녔던 일,

4·29 폭동으로 인해 폐허로 변한 한인경제에 윌셔 스테이트 은행이 앞장서 SBA 젖줄을 댔던 일,

그리고 주변의 지독한 만류에도 불구하고 후세에 BOA(Bank of America)와 같은 미 주류은행과 견줄만한 큰 은행을 하나 만들어야 한다는 일념으로 윌셔 은행보다 더 큰 BBCN 은행과 합병했던 일,

뒤돌아보면 두 번 다시 하고 싶지 않은 번뇌의 길이었으며 용기와 신념이 없이는 불가능한 일이었다. 나는 내 일생을 은행에 바칠 수 있었던 것은 행운이며 영광으로 생각한다.

보잘것없이 작았던 커뮤니티 은행에서 오늘날 미 주류사회가 주목하는 리저널 뱅크가 되기까지 지난 40년 동안 나와 함께 피와 땀과 눈물을 같이해온 모든 직원들과 이사, 주주들께 깊은 감사의 마음을 전한다. 그리고 지금까지 신뢰를 보여준 수많은 고객들께도 머리 숙여 감사를 드린다.

　그 긴 세월, 역사의 오선지 위에서 함께 울고 웃었던 은행 길 선배 동료들이 하나둘씩 새벽하늘 이슬처럼 사라져 가고 있다. 그동안 '기록을 남겨야 한다'는 주변의 숱한 제의에도 끄떡하지 않았던 나의 마음이 눈처럼 녹고 있다.

　이제 더 이상 미룰 시간이 없음을 느낀다. 촘촘히 메모해 놓았던 조각들을 붙이고 빛바랜 기억들을 모아 퍼즐을 맞추었다. 역사는 미래의 나침반이라고 했던가. 한인은행사의 한 부분을 엮은 이 회고록이 앞으로 펼쳐나갈 동료 후배들에게 작은 나침반이 되기를 기원한다.

　인생 3막의 커튼을 연다. 또 다른 꿈, 새로운 희망이 부풀어 오르고 있다. 2005년에 설립했던 고선재단의 기금이 크게 불어났다.

이 재단을 통해 매년 전액 장학금으로 공부했던 100여 명의 연세대 동문들이 세계 각지에서 인류와 평화를 위해 숨은 일꾼으로 일하고 있다. 지난 17년 동안 자선기금을 제공한 미주지역 20여 봉사단체들의 손길도 바쁘다. 그들로부터 오는 사랑의 감사 편지로부터 미래의 희망을 본다.

2015년부터 봉사했던 시더스 사이나이 이사로서 꺼져가는 생명을 구한 보람도 잊을 수 없다.

'노블리스 오블리주'

금융인으로 살면서 오랫동안 잊고 있었던 꿈들을 다시 지핀다.

끝으로 조마조마한 삶을 한결같이 동행하면서 격려를 아끼지 않았던 50년 동반자 아내의 내조가 없었다면 나의 오늘도 없었을 것이다.

사랑하는 아내 정옥(Martina)에게 이 책을 바친다.

그리고 사랑하는 자녀들과 나의 희망인 손주들, 모든 형제들을 순간순간마다 지켜주시는 하느님께 깊은 감사기도를 올린다.

| 차례 |

회고록을 넘어 온 세대를 위한 인생조언서

손병두 〈전 서강대학교 총장〉

많은 회고록이 있지만 이렇게 감동적인 회고록을 본 것은 흔하지 않은 것 같다. 누구나 살아 온 인생인데 책을 읽는 이들에게 감동을 준다는 것은 쉽지 않은 일이다. 회고록을 넘어 온 세대에 주는 인생 조언서다.

고석화 회장님을 오랫동안 만나면서 '금융인으로서 아메리칸 드림을 이룩한 분이구나' 라고 생각하고 있었는데 내면에 이렇게 깊고 높은 성(城)이 있는 줄은 이 회고록을 통해서 알게 됐다.

금융시장의 불모지였던 한인사회에서 풍전등화의 은행을 맡아 미국내 1등 커뮤니티 은행으로 일궈내기까지의 아슬아슬한 기록들은 독자들이 손에 땀을 쥐게 할 정도로 드라마틱하다.

은행직원들에게 물고기를 잡는 방법을 가르쳐 주는 세심한 배려와 은행직원들에게 필요한 신용이라는 덕목, 그리고 고비 고비 때마다 내리는 고 회장님의 고독한 도전의 스토리들은 모든 은행과 기업 경영인들이 꼭 읽어야 하는 경영학 지침서와 다를 바 없다.

은행과 경제가 밀접하게 연결돼 있다는 것을 인식하고 한인경제

가 더 성장하기 위해서는 뱅크 오브 아메리카(BOA)와 같은 대형은
행이 필요하며 그런 은행을 만들어 후세에 물려주겠다는 신념은
과히 존경할 만하다.

특히 남들이 부러워하는 최대주주 이사장이라는 기득권을 내려
놓고 합병을 단행한 고 회장님의 동포애는 성공한 사람이라고 함
부로 할 수 있는 일은 아닐 것이다.

자선사업가가 되겠다는 어릴 적 꿈을 위해 내딛는 한걸음 한걸
음의 발길은 그야말로 기성세대들이 본받고 따라야 할 길이라고
생각한다. 만난을 무릅쓰고 아름다운 물감으로 삶을 채색할 수 있
었던 힘은 어디서 왔을까. 그것은 바로 고 회장님의 신앙심이라고
믿는다. 우리는 그 신앙심도 본받아야 한다고 생각한다.

오랜 세월 금융인으로, 무역인으로서 성공적인 인생을 살아오면
서 직접 체험하고 느꼈던 아름다운 삶의 노하우를 엮어 젊은이들
에게 던져 주는 교훈의 메시지는 지금까지 어떤 회고록에서도 보
지 못한 아름다운 배려이다.

젊은이들을 가르치는 교육자의 한 사람으로서 모든 젊은이들이
고석화 회장의 회고록 '고독한 도전, 아메리칸 드림을 넘어'를 읽
기를 추천한다.

성공하는 인생길을 안내하는 지혜의 샘

정창영 〈연세대 명예교수·15대 총장〉

평소 존경하는 고석화 회장님의 회고록 추천서를 쓰게 된 것을 매우 기쁘고 영광스럽게 생각한다.

대학 동문이며 비슷한 연배로 같은 시대를 살아온 가까운 친구로, 특히 연세대 총장으로 재직할 때는 경영대학의 객원교수로 수고해 주신 고 회장님의 회고록 출간을 충심으로 축하드린다.

이 회고록에도 나오지만 회장님은 모교인 연세대학교를 방문하셨을 때 본인이 학생들의 등록금 인상 반대 시위로 총장실에서 나와 다른 곳에서 집무를 하고 있는 것을 보고 학생들을 돕고 싶다며 그 자리에서 100만 달러라는 거금을 장학기금으로 기부할 것을 약속하셨다. 실로 쉽지 않은 결정을 내리신 것이다.

회고록을 받고 단숨에 후루룩 다 읽었다. 내용도 드라마틱하지만 교훈적인 얘기가 상당히 많아서 실로 큰 감동을 받았다. 성공한 사람들이라면 누구나 독특한 성공 스토리가 있겠지만 고 회장의 '고독한 도전, 아메리칸 드림을 넘어'는 어려움을 극복하는 노하우와 목표를 달성하기 위해 순간순간 내려야 하는 결단의 방법들을 가르쳐 주는 귀한 경영지침서라고 생각한다.

어려움에 처할수록 서두르지 않고 기본을 다져가는 인내심, 사랑과 칭찬으로 용기를 북돋워 주는 지혜, 그리고 한 치 앞도 불투명한 현대사회에서 두 수 앞의 인생길을 미리 내다보는 혜안은 실로 우리가 배워야 할 덕목이다.

회고록 부록으로 엮은 '성공의 길을 묻는 젊은이들에게'는 다른 회고록에서 보지 못한 독특한 분야다. 그 중에서 부의 법칙 편은 신선한 충격으로 다가왔다. 이 부분은 젊은이들의 갈증을 풀어줄 것으로 믿는다. 누구나 부자가 되라고 하면서도 부자가 되는 방법은 선뜻 가르쳐 주지 않는 요즘 과감하게 투자의 원칙을 설명해 주는 부분은 자상한 아버지 같고 선생님 같은 따뜻함을 느꼈다. 오직 '고독한 도전, 아메리칸 드림을 넘어'에서만 볼 수 있는 진정성 있는 내용이다. 또한 다른 내용도 성공의 길을 위해서 필요한 중요한 덕목들을 실제의 경험과 이론을 접목시켜 일목요연하게 정리해 놓아서, 이 부분만 보아도 웬만한 책 한 권에 해당하는 지혜를 얻을 수 있도록 하였다.

종사하는 분야에 관계없이 모든 연령층의 독자들에게 꼭 한번 읽어 볼 것을 추천하고 싶은 훌륭한 내용이다.

경영학 교과서이자 희망 전도서

배정운 회장 〈S&M미디어(철강금속신문)〉

미국의 고석화 회장으로부터 회고록 '고독한 도전, 아메리칸드림을 넘어' 추천서 의뢰를 받았다. 55년 전 직장에서 만났던 인연으로 그동안의 친분을 잊지 않고 나에게 추천서를 부탁하니 감회가 새롭다.

당시 나는 연합철강 과장시절 고 회장을 처음 만났다. 우선 입사 시험을 1등으로 통과한 그를 잘 기억한다. 실력도 실력이지만 반듯한 외모와 싹싹한 성격으로 부서장들이 서로 데려가고자 쟁탈전을 벌였던 기억이 새삼 떠오른다. '고독한 도전, 아메리칸드림을 넘어' 회고록 원고를 받아 읽으면서 '역시 고석화 회장이구나!'라는 생각이 들었다. 책장을 넘길수록 뒷장이 궁금해지는 재미있고 감동적인 이야기에 시간가는 줄 몰랐다.

사실 그는 미국에서 철강 사업을 하며 초창기 우리 철강의 미국시장 개척에 큰 도움을 주었다. 당시 그에게서 받았던 인상은 매사에 성실하고 신뢰감이 가는 겸손한 사람이라는 것이다. 이 인성이 그가 미국에서 철강 사업과 금융인으로서 성공한 밑바탕이 되지 않았나 생각한다.

그리고 철강 사업과 너무나 다른 분야인 은행가가 된 그의 용기는 대단하다고 생각한다.

망망대해를 항해하는 선장과 다름없는 이사장을 맡아 온갖 어려움을 극복하고 수천 개의 미국 은행 중 100대 은행으로 성장하기까지 애환과 영광의 이야기는 눈을 뗄 수 없게 했다.

마치 한 편의 대하소설과 드라마를 보는 듯 방대하고 흥미로웠다. 이 책은 회고록을 넘어 경영학의 교과서이자 내일의 희망 전도서라고 해도 손색이 없었다. 또한 금융인으로서 바쁜 와중에도 세계한인무역협회 창설을 주도하며 해외 한상(韓商)들과 고국 기업들과의 교류에 앞장서기도 했다. 이와 함께 고선재단을 설립해 수많은 남을 돕는 선행을 통해 기업의 사회적 책임에 충실했던 그의 삶은 뜨거운 박수를 받을 자격이 충분히 있다고 생각한다.

내 인생의 여백 (Ⅰ), (Ⅱ)편 칼럼은 골프와 여행을 통해 체험한 내용을 해학적으로 풀어낸 담백함이 돋보였다.

부록 '성공의 길을 묻는 젊은이들에게' 부분은 회고록을 넘어 인생 조언서라고 해도 과언이 아니다. 저자의 고독한 도전을 통한 아메리칸 꿈을 성취한 과정이 남다르기에 애독서(愛讀書)로의 추천을 주저하지 않는다. 더불어 고 회장의 건강과 행운을 기원한다.

1

풍전등화의
은행을
맡다

The whole is greater than the sum of its part
단결로 뭉쳐진 전체는
아무리 유능한 개인보다 더 큰 힘을 발휘한다.
어떤 위기가 닥치더라도
거침없이 해결할 수 있다.

어수선한 세상

조건부 영업중단 명령(C&D)

세상은 어수선했고 이사회는 침울했다.

아침부터 열린 이사회의 침묵은 숨소리마저 얼어붙게 만들었다. 얼마나 지났을까. 언제나 패기만만하고 자신감 넘쳤던 30대의 피터 안 행장 겸 이사장이 무겁게 입을 열었다.

"C&D입니다. 앞으로 모든 은행 정책은 감독국의 승인을 받아야 합니다. 그리고 당장 자산대비 자본금 비율을 올려야 합니다. 증자를 해야 합니다. 감독국의 지시사항입니다"

C&D(Cease and Desist Order)는 은행감독국이 은행에 주는 가장 강력한 제재조치다. 감독국이 요구하는 조건을 제대로 이행하지 못할 경우 영업을 중단시킬 수 있는 조건부 영업중단 명령이

다. 얼마 전까지만 해도 은행 평가기관인 핀들리 리포트가 선정한 A급 금융기관이었고, 금융기관 전문 신용평가회사인 바우어 파이낸셜사로부터 연속으로 슈퍼 프리미어 은행의 평가를 받았던 윌셔 스테이트 은행이었다. 그런데 C&D라니 어이가 없었다. 1년 전인 1992년 가을부터 시작된 은행감독국의 감사결과는 참담했다. 또다시 침묵이 흘렀다. 한동안 천장을 주시하며 말을 잇지 못하던 피터 안 이사장이 무겁게 입을 열었다.

"저는 오늘 행장과 이사장직을 모두 내려놓겠습니다. 오늘의 이 사태는 전적으로 저의 책임입니다. 여러분은 새로운 이사장과 행장을 선출해 주시기 바랍니다. 그동안 은행을 위해 수고를 아끼지 않았던 모든 이사님들과 전 직원들께 진심으로 감사를 드립니다"

서울공대를 졸업하고 시카고대 MBA 출신으로 30세에 은행 이사로 영입돼 6년 동안 행장 겸 이사장으로 윌셔 스테이트 은행의 기반을 다졌던 피터 안 이사장이었다. 그런 그가 은행감독국의 감사결과에 책임을 지고 은행을 떠나기로 결심한 것이다.

안 이사장의 갑작스런 사임 발표에 모든 이사들이 충격을 금치 못한 채 아무도 말을 하지 못했다. 그러나 감독국이 이사회를 주시하고 있는 상황에서 이사장과 행장을 잠시라도 공석으로 놔 둘 수는 없었다. 당장 이사장을 선임해야 했고 행장을 물색해야 했다.

1992년 말 내가 이사장이 된 후 새로 구성된 이사진 모습. 사진 뒷줄 왼쪽부터 리처드 임, 포레스트 스티치먼, 해리 사이프리스, 박영희, 멜 엘리옷, 샘 그린필드, 프레드 머트너, 김규현 이사. 앞줄 왼쪽부터 임봉기 행장, 고석화 이사장, 조엘 지스카인드 이사.

이사장으로 선임되다

또다시 한동안 침묵이 흘렀다. 이사 중 한 명이 오랜 침묵을 깨고 발언을 요청했다.

"은행감독국의 감사 결과는 4·29 폭동*이라는 예상하지 못한 사태가 있었기 때문이다. 그러나 이 난관을 어떻게 극복해 나가느냐에 따라 윌셔 스테이트 은행의 미래가 달려있다"며 "차기 이사장은 리더십과 자본력을 갖춘 사람이 맡아야 한다. 스티븐 고(Steven Koh·나의 영어이름) 이사를 이사장으로 추천한다"며 나

---

* 4·29 폭동 : 23 페이지 참조

를 이사장으로 추천했다. 그러자 다른 한 이사가 추천의 말이 끝나기가 무섭게 동의를 했고 이사회는 만장일치로 나를 새 이사장으로 선임했다.

행장 선임은 이사장의 의견을 들은 후 결정하기로 했다.

길고 긴 고독한 도전의 서막이었다.

아물지 않는 상처, 4·29 폭동

당시 은행의 하루하루는 참혹했던 4·29 폭동의 여운이 가시지 않은 채 아슬아슬한 외줄타기 영업이었다. 안으로는 폭동으로 불탔던 웨스턴 지점이 폐허가 된 모습 그대로 남아 있었고 직원들은 폭동 피해 재난 업무를 처리하느라 새로운 영업에 신경을 쓰지 못했다. 밖으로는 또 다른 폭동 발발에 대한 불안감으로 사람들이 나오지 않아 업소들의 매출이 절반으로 줄어들었다.

언론 보도에 따르면 4.29 폭동의 한인 피해상황은 사망 1명, 부상 46명, 재산피해 약 3억 5천만 달러, 방화 및 약탈 2,200여 곳에 달했다. 지난 1965년 사우스 LA 와츠지역에서 발생한 흑인 폭동으로 시민 34명이 사망한 와츠 폭동 이후 최악의 소요 사태였다.

LA 한인타운을 거의 폐허로 만든 4·29 폭동은 120년 한인 이민역사의 물줄기를 바꿔 놓은 역사적 사건이었다. 오늘날 한인 이민사를 이야기할 때 4·29 폭동 전과 후로 나눌 만큼 이민사의 한 획을 긋는 중대 사건이었다. 우리는 4·29 폭동을 통해 주류 사회를 향한 정치력이 절실함을 느꼈고 미국 사회의 일원으로 살아가기 위해 이웃과 함께 더불어 살아야 하는 미국 시민으로서의 책임과 의무도 뼈저리게 체험했다.

4·29 폭동의 여파는 1년이 넘도록 계속됐다. 경제는 갈수록 악화일로를 치달았다. 실업자 수도 기록적으로 증가해 LA의 실업률은 10.4%, 캘리포니아주는 9.5%로 전국 평균 7.5%보다 훨씬 높았다. LA를 떠나는 주민들이 급증했고 대부분의 업소들이 혹시 발생하지 모르는 또 다른 폭동에 대한 불안감으로 문을 열지 못했다. 문을 연 업소들도 매출이 급감했다.

1992년 10월26일자 월스트리트 저널은 "폭동 이후 범죄에 대한 불안감으로 쇼핑객들이 급감했다. 이로 인해 한인타운내 대부분의 업소들의 매출이 30-40%가 감소했다"고 보도했다. 윌셔 스테이트 은행은 한인 피해자 돕기에 앞장서 업소당 10만 달러를 저금리로 융자해 주는 긴급 지원 프로그램을 발표했다. 그러나 이같은 지원 프로그램으로 기울어진 경기침체를 돌리지는 못했다.

업소마다 매출감소를 호소했다. 은행의 예금고는 급감했고 부실대출도 늘어났다. 은행이 서서히 레드 오션으로 빠져들었다. 폭동의 직접적인 피해를 입지 않은 사람들까지도 매출이 감소하자 페이먼트를 하지 않아 대출 부실은 더 커져만 갔다.

임봉기 행장 선임

뉴스는 온통 파산 소식이었다.

한 때 입주율이 90%까지 달했던 한인타운내 오피스 빌딩의 입주율이 50% 이하로 떨어졌다. 윌셔가 고층 빌딩들의 파산설이 파다하게 나돌았다. 폭동 전 한인들의 투자처로 가장 인기를 모았던 쇼핑센터와 상업용 건물들이 하나둘씩 차압 매물로 나오면서 부동산 가격이 폭락하기 시작했다. 이로 인해 부동산 담보 대출이 심각한 부실위기에 처했다.

나는 본점 지점장으로 있던 임봉기 전무를 행장후보로 이사회에 추천했다. 임봉기 행장은 서울대학교 공대를 졸업하고 한국 외환은행 1기 행원으로 입행해 외환은행 LA 지점에 파견근무로 미국에 왔다. USC에서 MBA를 취득한 후 유니온 뱅크를 거쳐 1985년 윌셔 스테이트 은행 국제부장으로 근무를 시작했다. 조용하면서도 꼼꼼한 성격으로 대출 분야에서 오랫동안 근무해 부실대출률이 높았던 당시 윌셔 스테이트 은행장으로는 적격이었다.

이사회는 임봉기 행장을 만장일치로 승인했다.

| 4.29 폭동(LA Riot) |

1992년 4월 29일 LAPD(LA경찰국) 경찰이 과속으로 운전하던 흑인 로드니 킹을 단속하는 과정에서 경찰의 구타 장면이 시민의 비디오에 의해 촬영돼 사회문제로 비화됐다. 구타 경찰에 대한 재판에서 법원이 무죄판결을 내리자 이에 분노한 흑인들이 인종차별이라며 시작된 시위가 폭동으로 변하면서 유혈, 방화, 약탈사태로 비화됐다.

폭도로 변한 시민들은 사우스 센트럴 지역에서 남북으로 뻗은 버몬트 애비뉴와 웨스턴 애비뉴를 따라 한인타운 쪽으로 북상하면서 거의 모든 업소에 불을 지르고 약탈을 하는 등 상가를 쑥대밭으로 만들었다. 사태는 히스패닉계 주민들이 가세하면서 약탈당하는 업소가 늘어났다. 한인타운내 웨스턴과 6가, 버몬트와 3가의 쇼핑센터가 불타는 등 한인 타운은 전쟁터를 방불케 했다. 한인타운 상가들이 폭도들에 의해 방화되고 약탈당했다.

당시 피터 윌슨 주지사가 시 전역에 비상사태를 선포하고 통금령을 내리는 등 폭동진압에 나섰으나 경찰력으로는 감당할 수 없을 정도로 사태가 심각하게 돌변했다. 이에 한인들은 자체적으로 코리아타운 방범대를 조직해 자체 방어에 나섰다. 이 과정에서 한인 이재성 군이 총에 맞아 사망하는 안타까운 사건이 발생했다.

폭동 사흘째인 5월 1일 부시 대통령의 명령으로 팬들턴 기지의 주 방위군이 긴급 투입됐다. 장갑차를 동원한 무장 군인들이 배치되자 폭동은 진정기미를 보였으나 한인타운은 이미 폐허가 된 상태였다.

난파선

잊을 수 없는 눈망울

1993년 1월4일, 신년시무식이 열렸다.

새 행장과 새 이사장이 직원들과 공식적으로 만나는 첫 대면이었다. 나는 지금도 그 당시 기대와 우려 속에 똘망똘망했던 직원들의 눈망울을 잊을 수 없다. 은행이 위기에 빠졌다는 것을 잘 알고 있었기에 직원들의 얼굴에서 미소를 찾아 볼 수 없었다. 감독국으로부터 가장 강력한 제재조치인 조건부영업중단명령(C&D)을 받은 터라 '혹시 내 부서가 폐쇄되지는 않을까' '정든 은행을 그만두어야 하는 것은 아닐까' 하는 두려움으로 가득찬 듯했다.

특히 행장과 이사장이 모두 새로 바뀌었으니 어떤 정책을 내놓을지도 궁금해 했다. 행장의 인사말에 이어 내 차례가 됐다.

나는 그때 직원들에게 해줄 수 있는 유일한 위로는 용기를 심어주는 길 밖에 없다고 생각했다. 목소리는 떨렸으나 나의 인사말은 단호하고 자신감이 넘쳤다.

　사랑하는 임직원 여러분, 그리고 존경하는 이사님.

　격동의 1992년을 보내고 이제 새로운 새해를 맞았습니다. 지금 우리 앞에는 한 치 앞을 내다 볼 수 없는 시계제로(視界·Zero)의 길이 놓여 있습니다. 잠깐 있다가 사라지는 안개 길일 수도 있고 끝없이 계속되는 험난한 가시밭 길일 수도 있습니다.

　우리가 어떻게 하느냐에 따라 그 길은 달라질 것입니다. 그러나 나는 이같은 불투명한 미래를 극복할 수 있다고 확신합니다. 나는 여러분들이 은행 영업에 전념할 수 있고 한인경제의 젖줄 역할을 튼튼하게 해 낼 수 있도록 아낌없는 지원을 다할 것입니다.

　〈중략〉

　나는 오늘 여러분들에게 다음 두 가지를 부탁드립니다.

　안으로는 팀웍이요, 밖으로는 신용입니다. 은행은 일사불란하게 움직이는 응원단과 같습니다. 여러분들은 선수들이고 나는 응원단장입니다. 선수들은 일사불란한 팀웍으로 플레이해야 좋은 경기를 펼칠 수 있습니다. 팀웍이 없는 팀, 팀웍이 없는 조직은 경기에 패배할 뿐만 아니라 오래가지도 못합니다.

각기 다른 능력과 성격을 가진 개인들이 분야도 다른 곳에서 일하면서 팀웍이 없으면 처음에는 단기적으로 개개인이 능력을 발휘해 성과를 낼 수 있지만 장기적으로는 성장하지 못하는 조직이 되고 맙니다. 팀웍이야말로 장기적인 은행성장을 위해 꼭 필요한 수단입니다.

두 번째는 신용입니다. 은행원들에게 신용은 목숨과 같습니다. 고객 한 사람 한 사람에게 신용을 지키기 바랍니다. 모든 사람들이 자신의 재산을 믿고 맡길 수 있는 은행이 돼야 합니다. 그리고 은행이 고객의 사업을 도와주기 위해 있다는 믿음을 고객들이 가질 수 있도록 거듭나야 합니다. 은행원으로서의 신용은 정직이고 약속이며 친절입니다. 고객이 은행에 오면 편안하게 업무를 볼 수 있도록 친절하게 서비스해 주시기 바랍니다. 고객들로부터 믿음을 받지 못하는 은행은 결코 오래가지 못합니다.

사랑하는 임직원 여러분, 존경하는 이사님.

나는 오늘 윌셔 스테이트 은행의 제 2도약을 선언합니다. 은행 안팎의 환경이 그리 녹록하지 않습니다. 그러나 할 수 있다는 자신감만 있으면 어떤 장애물도 극복할 수 있습니다. 불가능은 없다는 것을 믿으시기 바랍니다. 윌셔 스테이트 은행 제 2도약의 길에 한 사람의 낙오자도 없기를 바랍니다.

감사합니다.

나는 시무식이 끝난 후 가진 언론과의 인터뷰에서 "앞으로 한인 경제 성장에 한 축을 담당하는 윌셔 스테이트 은행이 되겠다. 고객과 주주, 직원 모두가 행복한 은행으로 거듭나겠다"고 말했다.

내우외환

은행 안팎에 불어 닥친 바람은 거칠었다. 시무식을 마치고 사무실로 돌아와 C&D 조치 사항을 보니 당장 처리해야 할 것들이 20가지가 넘었다. 대출 정책을 업데이트 하라, 현금관리 규정을 보완하라, 감사(Compliance) 규정을 바꾸어라, 후임 행장 선임 계획(Succession Plan)을 제출하라 등등 끝이 없었다. 겉으로는 은행감독국의 관리 사항이지만 신탁통치나 다를 바 없었다. 은행 간부직원 인사에서부터 지점신설, 금융상품 출시에 이르기까지 모두 감독국의 승인을 받아야 했다.

가장 시급한 것은 자산대비 자본금 비율을 6.75%로 맞추는 것이었다. 이를 위해 자본금을 더 늘려야 했다. 폭동 이후 침체된 경기를 감안할 때 투자가를 찾는 것은 쉬운 일이 아니었다. 더구나 은행투자에 대한 인식이 없었던 때라 더더욱 어려웠다. 몇몇 사람을 만났으나 예상대로 선뜻 나서지 않았다. 할 수 없이 내가 더 투자하기로 하고 몇 사람으로부터 약간의 투자를 받아 100만 달러가 넘는 증자를 단행했다. 자산대비 자본금 비율이 7.52%가 돼 감독국이 요구하는 기준치를 넘어섰다.

이로써 나의 은행 지분이 25%를 넘었다. 나는 피터 안 이사장이 은행을 떠날 때 안 전 이사장의 지분 19.5%를 모두 인수했었다. 내 은행지분이 25%를 넘게 되자 은행감독국이 상당한 기간 동안 눈에 보이지 않게 나를 경계했으나 내가 원칙대로 이사회를 운영하는 것을 알자 나중에는 신뢰를 보냈다.

증자와 함께 김규현 씨와 박영희 씨가 새 이사로 합류했다. 김규현 이사는 서울대학교 법대를 졸업하고 도미, 전자 무역회사인 KEI 트레이딩을 설립해 회장으로 있다가 은퇴했다. 2016년까지 윌셔 은행이 합병될 때까지 이사를 역임하다 2020년 86세를 일기로 별세한 훌륭한 사업가이자 은행가였다.

안팎으로 어려움에 처해 있는 은행을 더 어렵게 한 것은 주기업감독국으로부터 영업정지 명령을 받고 영업을 중단한 한인 최대의 머니오더 회사였던 제너럴 머니오더사가 제기한 손해배상청구소송이었다. 머니오더는 은행구좌가 없거나 개인수표를 쓸 수 없는 사람이 현금을 주고 구입하는 공증수표로 머니오더사는 공증수표를 발행해 주고 커미션을 받게 된다.

이 소송사건으로 은행은 그야말로 내우외환의 위기에 직면했다.

은행, 그 운명의 인연

태평양 저편의 기억

산타모니카 해변의 상큼한 바람이 얼굴을 스쳤다. 시린 비린 내가 코끝을 훑고 지나갔다. 산타모니카 해변의 모랫길은 낭만보다 아픔으로 다가왔다. 나는 외롭고 힘들 때면 산타모니카 해변을 찾았다. 그리고 말없이 걸었다. 태평양 저편 내 고향이 있는 한국, 연로하신 어머니의 모습이 떠올랐다. 지난날이 활동사진처럼 스쳐갔다.

1964년.

청운의 꿈을 안고 서울로 올라온 부산 뜨내기가 느낀 신촌 연세대 캠퍼스의 분위기는 스산하고 적막했다. 간간히 부는 바람을 타고 백양로의 벚꽃 향기가 코끝을 스쳤다. 그리고 오늘날

'6·3 항쟁'이라는 이름으로 역사의 한 페이지를 기록하고 있는 한일협정반대 데모의 한 가운데에서 목 놓아 외쳤던 아우성이 들리는 듯했다. 성악가의 꿈을 키웠던 큰 형님 고석순, 연세대 화공과 1회 졸업생으로 자부심이 대단했던 고석창 둘째 형님의 모습이 그리움으로 다가왔다.

1968년 연세대학교 경영학과를 졸업하고 삼성물산, 화신 등 대기업의 입사시험에 합격했으나 오로지 수출역군이 되겠다는 일념으로 연합철강에 입사했던 패기만만하던 시절이 떠올랐다. 연합철강에 1등으로 입사했다며 권철현 사장이 직접 불러 '어느 부서에서 일하고 싶으냐'고 물었을 때 '일주일 생각해 보고 말씀드리겠다'고 대답한 당돌함도 부끄러움으로 돌아왔다. 영업부와 무역부를 거치면서 낮이면 일터에서, 밤이면 술집에서 동료 선후배들과 어깨동무로 노래 부르며 시간을 보냈던 풋풋한 시절도 활동사진처럼 스쳐갔다.

연합철강에 근무하는 동안 '세상은 넓고 할 일은 많다'는 김우중의 대우 신화는 날이 갈수록 더욱 빛을 발했고 종합무역상사들의 무대는 세계로 뻗어 나갔다. 나는 그들의 무대에 나의 인생을 비추어 보았다. 밀려오는 답답함과 초라함을 견딜 수 없었다. 더 큰 세상 미국행을 결심했다. 미국에서 변호사를 하고 있었던 둘째 형 친구의 후원으로 합법적으로 취업이 가능한 취업 비자를 받았다.

미지의 땅에 첫 발을 내딛다

1971년 5월 12일.

미지의 땅 미국 LA 국제공항에 도착했다. 아내와 아들, 딸 세 식구를 동반한 새로운 삶을 위한 개척자의 여정이었다. 도착하자마자 올림픽과 놀만디 인근 아파트에 들어갔다. LA에 1만여 명의 한인들이 산다고 했으나 거리에 한인들의 모습은 보이지 않았다. 미국에 온 지 이틀 만에 영어와 미국 문화를 익힐 겸 근처 영어학원 ESL 코스에 등록했고 통신강의도 신청했다.

자동차 없이는 한 발자국도 움직일 수 없어 파란색 포드 머스탱(Mustang)을 구입했다. LA 타임스 구독을 신청했고 한국소식을 알기 위해 할리웃에 있는 미주한국일보를 찾아가 구독을 신청했다.

차근차근 미국 생활을 준비해 나갔다. 한국에서부터 생각했던 무역을 하기위해 이리저리 알아봤으나 비즈니스 등록, 사무실 임대 등 쉬운 일이 아니었다. 몇 개월이 지나면서 가지고 온 돈이 바닥을 보이기 시작했다. 할 수 없이 우선 생활비라도 벌어야 한다는 생각에 지인의 소개로 빌딩 청소를 시작했다.

그때는 돈을 많이 가지고 나올 수 없었기 때문에 너나 할 것 없이 미국에 도착하자마자 청소, 식당, 주유소, 다운타운 봉제공장 등 닥치는 대로 일을 해야 했다. 특별한 기술이 없는 초기 이민자들에게 가장 쉽게 할 수 있는 것이 청소였다. 더구나 청소는 밤에

하기 때문에 낮에는 다른 일을 할 수 있어서 좋았다.

유학생들은 낮에는 학교를 다니고 밤에는 청소를 하면서 학비를 벌었다. 나 역시 낮에는 영어공부와 무역회사 설립 준비를 했고 밤에는 청소를 나갔다.

나는 LA 인근 엔시노에 있는 5층 건물을 혼자 맡아서 했다. 초기 이민자들이 다 그렇듯이 힘든 나날이었다. 쓰레기통을 치우고 책상을 닦았다. 때로는 '이러려고 미국에 왔나' 하는 생각이 들어 눈물이 핑 돌기도 했다. 청소가 끝나면 새벽 2시, 몸이 녹초가 된 상태로 집에 돌아왔다. 나는 한동안 오른쪽 어깨가 아파 고생을 했는데 그때 청소 일을 하면서 무거운 쓰레기통을 들었던 후유증인 것 같다.

퍼시픽 스틸 코퍼레이션 설립

몇 개월이 지나니 어느 정도 미국 생활이 익숙해지고 지리도 눈에 들어왔다. 청소 일을 그만두고 전공을 살려 철강 무역을 하기로 하고 퍼시픽 스틸 코퍼레이션(Pacific Steel Corporation)을 설립했다. 당시 철강은 없어서 못 팔 정도로 물량이 부족했다. 수개월 또는 1년 전에 주문을 해야 했다.

미국뿐만 아니라 유럽, 남미 등지에서 바이어들이 찾아왔다. 사업이 날이 갈수록 번창했다. 한국에서 철강을 수입해 오면 철강을 사겠다는 바이어들이 줄을 섰다. 특히 강하고 얇게 만든

냉연 철강은 미국의 자동차 산업이 성장하면서 그 수요도 폭발적으로 증가했다. 무게가 가벼우니 자동차의 연비가 절감되고 워런티(보증·Warranty) 기간이 늘어나 소비자들에게 이득이었다.

사실 철강은 중공업, 자동차, 기계 산업 등 산업 전반에 걸쳐 공정설비를 만드는 재료이기 때문에 기술개발을 통해 철강 제품을 혁신한다면 사업이 더 성공적으로 확장될 수 있는 분야였다.

나는 철강 무역이 본 궤도에 오르면서 종합무역회사인 코스 인터내셔널 코퍼레이션(Koss International Corperation)을 또 설립했다. 그러던 어느 날 한국으로부터 연락이 왔다. 연합철강 권철현 사장이었다. 미국에 대리점을 오픈할 계획이니 자네가 맡으라는 것이었다.

공장 설립자금을 은행에

철강사업이 날로 번창했다. 1977년 둘째 아들 피터가 태어났다. 아내와 큰 아들 상원, 딸 아그네스 다섯 식구가 됐다. 주말이면 샌디에고에서 산타바바라까지 드라이브를 하며 즐거운 한때를 보냈다. 미국에 온 지 수년 만에 처음 맛보는 행복이었다.

사업은 내가 설립한 퍼시픽 스틸과 연합철강 대리점 사업이 눈코 뜰 새 없이 바빴다. 하루 24시간이 모자랐다. 무역을 시작한 지 10여 년 만에 쇼핑센터와 건물 몇 개를 구입했다.

운명의 장난인가.

윌셔 스테이트 은행이 LA 한인타운내 8가와 하버드 남서쪽 코너에 있는 내가 소유한 쇼핑센터에 지점을 오픈했는데 이 인연으로 윌셔 스테이트 은행이 나에게 은행 이사로 들어오라고 권유하기 시작했다. 나는 철강사업이 잘 되던 때라 은행이사나 은행투자에 대한 관심은 없었다. 다만 사업이 커지자 더 많은 크레딧이 필요했고 신속한 현지금융도 필요해 거래은행을 윌셔 스테이트 은행으로 바꾸었다.

은행을 바꾸니 윌셔 스테이트 은행의 러브 콜은 더 집요해졌다. 당시 피터 안 이사장과 여러 이사들이 나서서 증자가 필요하니 은행에 투자도 하고 이사로 참여해 줄 것을 요청했다. 나는 사업을 하면서 기업이 커질수록 큰 은행이 필요하고 비즈니스 성장에 은행의 역할이 중요하다는 것을 인식하고 있었다. 또 동시에 한인들에게는 한인은행이 필요하다는 것도 실감했다.

이사 영입제안을 받은 지 3년 만인 1986년 윌셔 스테이트 은행에 투자하고 이사로 합류했다. 철강사업 확장 플랜을 세우고 공장설립을 위해 준비했던 자금을 윌셔 스테이트 은행에 투자했다. 내 인생의 터닝 포인트였다. 나와 윌셔 스테이트 은행과의 35년 운명의 인연은 이렇게 시작됐다.

은행 감독국, 적인가 동지인가

주눅 든 회의

LA 다운타운 주 은행감독국 LA지국 회의실.

아침 9시30분. 건물입구에서부터 시작된 살벌한 시큐리티 (Security·보안) 체크가 가뜩이나 긴장했던 12명의 이사들을 더욱 긴장하게 만들었다. 회의실에는 대형 테이블만 덩그러니 놓여 있었다. 순간적으로 경찰서 취조실 같은 느낌이 들었다. 우리 이사들은 죄인처럼 한 쪽으로 나란히 앉아 감독국 관계자들의 참석을 기다리고 있었다. 조건부 영업중단 명령(C&D)을 받은 데다 부실대출까지 치솟고 있었으니 감독국의 호출 같은 회의 소집에도 별다른 대응 방법이 없었다.

얼마 전에도 C&D를 받았다가 폐쇄된 은행이 있었기 때문에 우리는 감독국이 어떻게 나올지 긴장하지 않을 수 없었다. 곱슬머리에 50대 중반으로 보이는 백인을 선두로 남자 4명, 여자 1명이 서류뭉치와 노트를 안고 들어와 우리 맞은편에 앉았다. 우리의 모습이 긴장돼 보였는지 웃음을 지으며 환영의 말과 함께 참석자들을 일일이 소개했다. 나도 우리 이사들을 차례로 소개했다. 소개하면서도 속으로는 "내 돈 투자하고 미국 시민들 도와주자는데 당신들이 무슨 간섭이냐" 하는 울분이 치밀어 올랐다. 은행의 이사장으로서 다소 치욕스러웠던 감정을 잊을 수가 없다.

감독관들은 이사의 의무를 하나하나 조목조목 설명하면서 은행이사 역할의 중요성을 강조했다. "이사들이 잘못하면 민형사상 책임을 질 수도 있다. 조건부 영업중단 명령을 제대로 이행하지 못할 경우 영업을 중단할 수 있다"며 엄포인지 협박인지 아니면 진심인지, 알 수 없는 설명을 이어갔다. 설명하는 내용은 이미 다 알고 있는 것들이었다. 그런데 그들의 설명이 너무 친절하고 사명감이 있어 처음에 마음속으로 느꼈던 그들에 대한 저항감이 다소 수그러들기 시작했다.

"저 사람들도 은행을 도와주기 위해 저렇게 열심히 설명하는구나"하는 고마운 생각도 들었다. 감독국은 현금관리와 대출관리, 그리고 감사(Compliance) 규정 강화 등 커뮤니티 은행에서 비교적 취약한 사항을 중점적으로 보완하도록 요구했다.

불편했던 회의가 끝난 후 우리는 감독국에서 제공한 서류를 들고 감독국을 나왔다. 감독국의 요구 중에는 후임 행장 선임 플랜(Succession Plan)을 제출하라는 것도 있어서 놀라웠다. 처음에는 행장이 된 지 얼마 되지도 않았고 열심히 일하고 있는데 후임 플랜을 제출하라고 해 어이없다고 생각했었는데 사실 행장의 갑작스런 유고시 원활한 은행 경영을 위해서는 그런 규정도 필요하다는 생각이 들었다.

감독국은 동지다

나는 그 이후 감독국에 대한 선입견이 완전히 바뀌었다. 은행 경영진과 간부들에게 감독국과의 관계를 돈독히 하고 여러 가지 업무에 대해서도 협조하라고 부탁했다.

감독국의 감사가 끝난 후 열리는 감사관들과 경영진, 이사진이 참가한 출구회의(Exit Meeting) 때 있었던 이야기다. 나는 인사말에서 "예전에는 솔직히 감독국에 대한 감정이 좋지 않았다. 감독국을 은행을 괴롭히는 기관이라고 생각했다. 그러나 지금은 감독국이 우리의 파트너이며 동반자라고 생각한다. 나는 이사장 겸 대주주로서 은행감독국이 있어 잠을 편하게 잘 수 있다. 감독국에 감사한다" 고 말했다. 회의장이 갑자기 웃음바다로 변했고 옆에 있던 감독관이 박수를 치며 엄지 척을 해 보였다. 사실 지금도 나는 감독국의 지적사항들은 은행을 위한 예방주사이며 보약이라고 생각한다.

감독국이 은행에 감사를 나오면 가장 먼저 제출하라는 것이 이사회 회의록이다. 은행의 경영을 한꺼번에 볼 수 있는 자료이기도 하지만 이사들이 Fiduciary Duty(주주들로부터 위탁받은 의무·신의 성실의 의무)를 제대로 수행했는지를 살펴볼 수 있기 때문이다.

이사들의 론 비리가 없었는지, 이사들에게 론을 할 때 다른 사람보다 더 싼 이자율을 적용해 혜택을 주지 않았는지, 은행 경영에 관리 감독을 제대로 했는지 등등 이사들의 행위를 집중적으로 본다. 그들은 감사가 끝날 때까지 직원들과 식사를 하지 않을 뿐만 아니라 은행에서 제공하는 커피도 마시지 않는다. 자료 제출만 요구할 뿐 직원들과 일체 대화도 나누지 않는다. 그래서 감사가 나와 있는 한두 달은 은행에 살벌한 분위기가 돈다.

감독국은 때로 무서운 감시자일 수도, 든든한 후원자일 수도 있다.

| 미국 금융감독기관 |

미국의 금융 감독기관은 중앙은행인 연방준비제도이사회(FRB)와 재무부 산하 독립기관인 회계감사국(OCC), 그리고 금융기관들이 폐쇄됐을 경우 예금주들의 예금을 보장해 주는 연방예금보험공사(FDIC) 등 3개 기관이 있다. 또한 주식과 선물에 관한 거래를 감독하는 연방증권거래위원회(SEC)와 상품선물거래위원회(FCTC) 2개의 주요 기관이 있다. 은행 및 주식에 대한 5개 감독기관을 살펴본다.

■ 연방준비제도이사회(FRB, Federal Reserve Bank)

1913년 설립된 미국의 중앙은행이다. 미국 달러를 발행하고 통화량, 금리 등 통화정책을 총괄한다. 전국 12개(보스턴, 뉴욕, 필라델피아, 시카고, 샌프란시스코, 클리블랜드, 리치먼드, 애틀랜타, 세인트루이스, 미네아폴리스, 캔자스시티, 댈러스) 지부를 관장하며 미국 내 5,000여 개의 금융기관을 감독하고 규제한다. 이사회의 구성원은 7명이며 대통령이 임명하고 상원의 인준을 받아야 한다. 임기는 14년이며 2년마다 1명씩 교체된다. 재임은 불가능하다. FRB내 연방공개시장위원회(FOMC, Federal Open Market Committee)가 금리인상 등 연방준비제도이사회의 각종 조치를 결정한다.

■ 회계감사국(OCC, Office of the Comptroller of the Currency)

1863년 국가통화법(National Currency Act)에 의해 설립된 가장 오래된 연방 기관 중 하나다. OCC의 주요 목적은 전반적인 은행 시스템의 건전성을 관리하고 감독해 효율적인 금융서비스를 제공하도록 하는 것이다. 연방재무부(Treasury Department) 내의 독립부서다. FRB 산하의 모든 금융기관을 감독할 수 있는 권한이 있다.

■ 연방예금보험공사(Federal Deposit Insurance Corporation)

연방예금보험공사(FDIC)는 1933년 Glass-Steagall 법에 따라 은행 예금자들이 보관하는 자금의 안전을 보장하기 위해 예금에 대한 보험을 제공하기 위해 설립됐다. 예금주 1인당 최대 $250,000가 보호된다. 즉 예금한 은행이 폐쇄되거나 영업이 중단될 경우 25만 달러까지 보상 받을 수 있다.

■ 증권거래위원회(SEC,Securities and Exchange Commission)

SEC는 1934년 증권거래법에 의해 설립됐으며 정부와 독립적으로 행동한다. 미국내 모든 증권거래를 감독한다. 뉴욕증권거래소, 나스닥, 옵션시장 등 모든 주식에 대한 A to Z를 관리 감독한다. 6개 부서와 24개 사무소로 구성되어 있다. SEC의 목표는 증권법을 해석 및 시행하고, 새로운 규칙을 제정하며, 증권 기관에 대해 감독하는 것이다.

■ 상품선물거래위원회(CFTC, Commodity Futures Trading Commission)

상품선물거래 위원회(CFTC)는 상품 선물 및 옵션 및 기타 관련 파생 상품 시장을 규제하고 경쟁력 있고 효율적인 시장 거래를 제공하기 위해 1974년에 독립 기관으로 설립되었다. 시장 조작으로부터 참가자를 보호하고 남용 거래 관행 및 사기를 방지한다. CFTC는 증권거래위원회(SEC)와 협력해 주식 선물을 규제한다.

이름 빼고 다 바꿔라

추풍낙엽 윌셔가 빌딩

1995년 2월1일. 아침 일찍 집을 나섰다. 봄이 코앞에 다가왔지만 쌀쌀한 기운이 볼을 때렸다.

이사장을 맡은 지 3년째. 1980년대 말부터 시작된 불경기로 인해 경제가 최악의 상황으로 치닫고 있었다. 매일 여기저기서 부실대출 보고가 올라왔다. 직원들은 대출이 많이 나간 회사를 방문해 상황을 파악하느라 대부분 자리를 비웠다. 매일 파산보도가 뉴스의 헤드라인을 장식했다.

2년 전 FDIC(연방예금보험공사)로부터 가장 강력한 제재조치인 조건부 영업중단 명령을 받은 후 천신만고 끝에 증자를 이뤄내 비교적 짧은 기간에 C&D를 해제했는데 이번에는 주

은행감독국으로부터 MOU(Memorandum of Understanding)라는 제재를 받고 말았다. MOU는 C&D보다는 아랫단계의 제재 조치이긴 하지만 감독국으로부터 상당한 제약을 받는다. 부실대출이 많은 것이 원인이었다. 대부분 부동산 대출 부실이었다.

4·29폭동 이후 비틀대던 부동산 시장이 1994년 노스리지 지진까지 발생하자 추락하기 시작했다. 특히 윌셔가의 고층빌딩들이 부동산 폭락의 직격탄을 맞았다. 사무실 절반이 텅텅 비었고 입주자들도 임대료를 내지 않았다. 이로 인해 대형 사무실 빌딩들이 파산을 신청하거나 매물로 나오기 시작했다.

불과 10여 년 전에 8,000만 달러를 호가하던 빌딩이 1,200-1,500만 달러에 매물로 나왔다. 1994년 말 제이미슨 퍼라퍼티즈의 데이빗 이 씨를 비롯한 4명의 한인 투자가들이 한인타운 중심부인 웨스턴과 윌셔의 12층짜리 건물 '피어슨 빌딩'을 고급 주택 한 채 가격에 불과한 430만 달러에 매입해 화제가 됐다.

또한 한때 3,600만 달러를 호가하던 윌셔와 버몬트의 16층과 18층 2개 동으로 된 '타워즈 온 윌셔'(3200 Wilshire Bl.) 건물이 600만 달러에 매각됐다. 윌셔가의 상징인 에퀴터블 빌딩(3435 Wilshire Bl.), 파라마운트 빌딩이 하나둘씩 매각됐고 윌셔와 노르만디의 센추리 플라자 빌딩 4개도 파산을 신청했다. 이때 몇몇 빌딩을 제외한 대부분의 윌셔가 빌딩의 주인이 새로

윌셔 은행은 1980년 12월 창립후 2016년 7월 합병할 때 까지 로고를 두 번 변경했다. 사진 맨 왼쪽은 설립 당시 로고, 가운데는 창립 15주년 때 바꾼 로고이며 맨 오른쪽은 창립 30주년 때 바꾼 로고. 모두 윌셔 은행의 영문 이니셜 W를 형상화해 만들었으며 두번째 부터는 희망의 칼라인 푸른색으로 바꿨다.

바뀌었다.

LA 다운타운에서 산타모니카 해변까지 17마일에 걸쳐 곧게 뻗은 세계에서도 유명한 상업빌딩의 거리 윌셔 블러버드. 그 이름난 윌셔가의 고층빌딩들이 추풍낙엽처럼 하나둘씩 파산해 당시 LA 부동산 경기의 참혹상을 반영했다.

로고와 색깔을 바꾸어라

은행의 모든 직원들이 수년 째 감사를 받느라 정신이 없었다. 간부들은 지쳐있었고 직원들은 의욕을 잃은 채 눈치 보기에 바빴다. 자고 나면 부실대출 보고가 올라왔다. 은행이 풍랑을 만난 배처럼 좌표도 없이 비틀거리는 것 같았다. 특단의 조치가 필요했다.

10시에 시작되는 이사회에 은행 간부들도 참석하라고 했다. 은행에 일찍 출근해 홀로 생각에 잠긴 채 책상에 앉아 있었다. 2년 전 이사장에 취임할 때 응원단장을 자처했는데 진정 응원단장 역할을 다했는지를 생각했다.

삼성의 이건희 회장이 회장에 취임하면서 '마누라와 자식 빼고 다 바꿔라'고 해 화제가 됐었다. 월셔 스테이트 은행도 혁신이 필요했다. 나는 그 혁신의 첫 걸음으로 은행이름과 로고, 색깔을 바꿀 것을 제안했다. 창립 후 15년 동안 사용해온 은행이름과 로고를 바꾸자고 하자 직원들이 서로를 쳐다보며 술렁거렸다.

나는 "그동안 사용해 온 월셔 스테이트 은행의 브라운 칼라가 온화하고 포근한 느낌은 있으나 오래되다 보니 우중충해 보인다. 우리에게는 밝고 진취적이며 혁신적인 의미가 담긴 칼라와 로고가 필요하다"며 제안 배경을 설명했다. 은행은 2,000달러의 상금을 내걸고 새로운 은행 로고를 대내외에 공모했다.

공모결과 로고는 은행이름의 W자를 남가주의 상징인 팜트리 형상으로 도안한 로고로 결정하고 색깔은 하늘처럼 바다처럼 원대한 은행을 상징하는 희망의 푸른색으로 결정했다. 은행이름도 영어이름은 그대로 쓰고 한글이름은 월셔 스테이트 은행에서 스테이트를 뺀 월셔 은행으로 바꿨다.

두 번째로 나는 우수한 인력을 확보하라고 권유했다. 기업이 성공하는 요건은 여러 가지가 있겠지만 나는 충분한 자본과 우수한 인력, 그리고 고객들이 신뢰할 수 있는 기술과 능력, 상품이라고 생각한다. 은행도 마찬가지다. 자본이 튼튼해야 하고 인재가 필요하며 좋은 상품이 있어야 한다.

주주총회는 영업실적에 관계없이 언제나 긴장되는 시간이다. 나는 이사장으로서 모든 주주와 직원, 그리고 커뮤니티에 꿈과 희망의 메세지를 전하려고 노력했다. 연례 주주총회에서 인사말을 하고 있는 모습.

1 + 1 = 3 이론

셋째 1 + 1 = 3 이론을 강조했다.

경영학에서는 1 + 1 = 2가 아니라 1 + 1 = 3이 된다는 이론이다. 1 + 1 = 2는 진리이기는 하나 숫자로 규정지은 약속이지 형이상학적인 관점에서는 1 + 1 = 3이 될 수도 있고 더 많을 수도 있다는 것이다. 바로 시너지 효과 때문이다.

기업경영에서 1 + 1 = 2에 만족한다면 현상유지에 끝나는 것이다. 그러나 경영 측면에서 볼 때 현상유지는 퇴보를 의미한다. 환경은 급변하는데 실적이 현상유지라면 그것은 손실인 것이다.

한 사람이 하는 일을 두 사람이 해서 두 사람이 일한 만큼의 성

내가 이사장을 맡은지 3년이 되는 1995년은 창립 15주년이 되는 해로 4.29 폭동 여파로 인한 어려운 경제환경 속에서도 SBA 우대은행 지정 등 괄목할만한 영업실적을 기록했다. 15주년 기념행사에서 우수및 근속직원들을 표창해 격려했다.

공을 거두었다면 그것은 성공이 아니다. 1+1=3의 이론은 현실을 있는 그대로 답습하거나 현상유지에 만족하는 것은 성공이 아니라는 것이다. 그러면 1+1=3은 어떻게 만들어 낼 수 있는가. 그것은 팀웍을 통해서만이 가능하다. 팀웍은 혼자 할 수 없는 시너지를 만들어 낸다. 두 개의 실을 하나씩 끊는다면 쉽게 끊을 수 있지만 두 개의 실을 꼬아서 한 줄로 만든다면 두 사람 조차 끊을 수 없을 정도로 단단해진다.

손가락 하나로는 아무것도 하지 못하지만 손가락 다섯이 뭉치면 강한 주먹이 된다. 그만큼 팀웍이 중요하다. 철새들이 이동하는 모습을 보라. 철새는 리더를 중심으로 V자 형을 그리며 날

아간다. 학자에 따르면 철새들이 V자로 이동할 때 안전하고 방향성이 좋아 혼자 날아갈 때보다 7배나 빨리 목적지에 도달한다고 한다.

The whole is greater than the sum of its part. 단결로 뭉쳐진 전체는 아무리 개인이 유능하다 하더라도 더 큰 힘을 발휘하며 어떤 위기가 닥치더라도 거침없이 해결할 수 있다.

은행 혁신을 위한 나의 제안은 주효했다. 4·29 폭동과 부실대출 증가로 침울했던 은행 분위기가 다시 살아났다. 이름과 로고 공모에 대한 고객들의 문의가 빗발쳐 직원들이 바쁜 와중에도 즐거운 비명을 질렀다.

1995년 부동산 대출의 부실이 크게 증가했는데도 SBA 대출 수익이 날개를 단 듯 올라가 전체적으로는 은행이 수익을 냈다. 이사장을 맡은 지 3년 만에 흑자 경영으로 돌아섰다. 지루했던 감독국의 제재조치도 끝났다.

우리는 1995년 11월15일 옥스퍼드 팰레스 호텔에서 각계인사 400여명이 참석한 가운데 성황리에 은행 창립 15주년 기념 행사를 가졌다.

제너럴 머니오더 소송 사건

어이없는 소송

월셔 은행의 내우외환 위기에 기름을 부은 것은 제너럴 머니오더사 소송사건이었다. 1984년에 설립된 제너럴 머니오더사는 한인타운 8가에 본점을 두고 상당히 큰 규모로 영업을 하고 있었다. 제너럴 머니오더사도 수년째 계속된 불경기를 비켜가지 못했고 1991년 말에 주 기업국으로부터 영업정지 명령을 받아 결국 문을 닫고 말았다.

머니오더(Money Order)는 은행에 어카운트가 없거나 개인수표를 쓸 수 없는 사람들이 현금을 주고 구입한 공증 수표이다. 머니오더사는 공증수표를 발행해 주고 커미션을 받는다. 그런데 갑자기 제너럴 머니오더사가 월셔 은행을 상대로 240만 달러의 손해 배상 청구소송을 제기했다. 소송 이유는 거래은행이었던 윌셔 은행이 자신들이 발행한 머니오더에 대해 임시 크레딧을 주지 않아 제너럴 머니오더가 영업을 하지 못하게 됐다는 것이다.

제너럴 머니오더사는 소장에서 그동안 윌셔 은행이 관행적으로 임시 크레딧(Immediate Credit)을 지불을 해주었는데 갑자기 크레딧을 중단해 영업에 심각한 타격을 받았다는 것이었다.

은행은 여러 가지로 방어를 했으나 법원은 제너럴 머니오더사 측의 손을 들어주었고 은행은 240만 달러를 물어 줄 형편에 놓이게 됐다. 임봉기 행장이 소송사건에 매달렸으나 결과는 어이없는 패소였다. 아무리 생각해도 기가막힌 노릇이었다. 직원들이 일 년 내내 일을 해도 수백만 달러의 손실이 발생하는 상황인데 240만 달러를 물어 준다고 생각하니 앞이 캄캄했다. 그야말로 출구가 보이지 않는 진퇴양난의 위기상황이었다. 더구나 이 사장으로 취임해 제대로 경영을 펼쳐 보지도 못한 상황에서 이런 큰일을 당했으니 답답할 뿐이었다. 설상가상으로 임봉기 행장이 "은행경영을 잘 못해서 이같은 결과가 초래됐다"며 사직서를 제출했다.

나는 "어떻게 이것이 행장 혼자만의 책임이냐. 우리 모두의 책임이니 나도 사직해야겠느냐"고 하면서 사직서를 반려했다. 이후 우리는 로펌을 바꾸고 변호사들과 수차례의 회의를 한 후 고등법원에 항소를 하기로 결정했다. 그 당시 은행이 제너럴 머니오더사에 임시 크레딧을 줄 수 없었던 이유를 집중적으로 법원에 설명했다.

승소하다

제너럴 머니오더사의 영업상황이 심각한 상태에 있다는 것이 이미 시장에 쫙 퍼져 있었고, 제너럴 머니오더사의 변호사마저 직접 우리은행에 체크를 들고 와 현금으로 교환해 가는 상황에서 은행이 제너럴 머니오더사에 어떻게 임시 크레딧을 줄 수 있겠느냐고 중단 배경을 설명했다.

제너럴 머니오더사의 영업이 얼마나 심각했으면 담당변호사까지 은행에 체크를 직접 들고 와 현금으로 바꾸겠느냐고 말했다. 이런 상황을 알고서 은행이 그 회사에 임시 크레딧을 주는 것은 배임행위가 될 수 있다고 항변했다. 이같은 우리의 주장이 받아들여져 LA 수피리어 법원은 은행에 승소 판결을 내렸다.

당시 언론 보도에 따르면 LA 수피리어 법원 아더 발도나도 판사는 최종 판결에서 "은행이 제너럴 머니오더사에 긴급 크레딧을 주지 않고 수표를 부도처리한 것은 제너럴 머니오더사의 구좌에 충분한 자금이 없었기 때문으로 이는 은행이 제너럴 머니오더사와의 계약을 위반한 것으로 볼 수 없다"고 판시했다. 그는 또 "은행의 부당한 행위로 인해 제너럴 머니오더사가 파산됐다고 볼 수 없다"며 1심법원의 윌셔 은행 책임 판결을 번복했다.

이로써 제너럴 머니오더사의 소송사건은 우리의 승리로 끝이 났다.

승자도 패자도 없는 낭비의 세월이었다.

2

기적을 만든
응원단장 경영론

목표를 달성하기까지 수없이 많은 결정을 해야 한다.
그 결정을 하는 데 가장 큰 걸림돌은
실력도 환경도 아닌 바로 두려움이다.
두려움을 버려라.

자고나면 또 은행

미주 최초 한인은행

1980년대 한인 경제는 '멈춤 없는 성장'의 시기였다. 1980년 실시된 전국 인구조사에 따르면 미국내 한인 수는 전국 35만4,529명, 캘리포니아주 10만3,891명으로 집계돼 10년 전인 1970년에 비해 전국은 4배, 캘리포니아주는 5배가 늘어났다. 인구조사에 참여하지 않은 한인들까지 포함하면 캘리포니아주의 한인은 20만 명 정도로 추산됐다. LA는 1970년에 1만여 명에 불과한 것으로 추산됐으나 10년 후인 1980년에는 10여만 명으로 거의 10배가 늘어났다.

한인의 증가로 LA 한인타운을 중심으로 형성됐던 한인상권이 외곽으로 확산돼 오렌지 카운티와 밸리 지역에도 한인업소가 늘어나기 시작했다. 당시 한인업소는 리커, 마켓, 세탁소, 식당, 햄버거 가게가 주를 이루었다.

LA와 오렌지 카운티, 리버사이드, 샌디에고, 벤추라 카운티 등 남가주 5개 카운티내 한인업소 수는 3만 여 개에 달하는 것으로 추산됐다. 당시 언론 보도에 따르면 한국 통화요금은 첫 3분에 4달러95센트, 이후 분당 1달러65센트가 부과될 정도로 비쌌다. 많은 한인들이 한국에 있는 가족 친척들에 대한 그리움이 컸지만 너무 비싼 국제 전화요금 때문에 전화를 하지 못하고 편지로 소식을 전했다.

한인경제권이 확장되자 한인은행도 1980년대 태동기를 맞았다. 1980년의 첫 해가 저물어가는 1980년 12월30일. 미주 한인 은행사의 첫 페이지를 장식한 윌셔 스테이트 은행이 탄생했다. 한인과 외국인 250여 명의 주주가 참여했으며 자본금은 417만 3,300달러였다.

당시 등록된 설립자는 시그먼드 에이벨슨, 정완영, 새뮤얼 그린필드, 빈센트 누치오, 도널드 힝클리, 해리 시아퍼리스, 포리스트 스티치먼, 허버트 스토클리(행장), 미키 웨인, 윤병욱씨 였다. 얼마 후 하이 소사이어티 양복점을 운영하던 리처드 임, 포토 랩을 운영하던 황규태 씨가 이사로 합류했다.

윌셔 스테이트 은행은 1981년 1월7일 699 S. Vermont Ave. 에서 개점, 영업을 시작했다. 이날 개점행사에는 당시 박민수

LA총영사를 비롯 장기열, 양효길, 조영근, 소니아 석 씨 등 한인 사회 인사들과 LA시, 윌셔 상공회의소, 캘리포니아주 무역국 관계자 등 100여 명의 관계자들이 참석해 개점 테이프를 끊었다.

윌셔 스테이트 은행은 창립된 지 2년 후인 1982년에 윌셔와 버몬트 3200 Wilshire Bl.로 이전해 35년간 같은 자리를 지켰다. 윌셔 스테이트 은행이 오픈한 지 불과 몇 개월 만인 1981년 8월, 주택융자를 전문으로 하는 글로벌 세이빙스사(Global Oriental Savings and Loan Association)가 한인들에 의해 설립됐다. 이 S&L사는 주택융자를 전문으로 하는 특수 금융기관으로 정부로부터 규제를 받는 준은행이었는데 한인들의 주택구입 붐을 타고 성장을 거듭했다. 그러나 4·29 폭동 이후 경기침체를 견디지 못하고 1998년 한미은행에 합병됐다.

한인은행 3두 마차시대

1980년대 미 경제가 호황기에 접어들면서 한인은행도 많이 설립됐다. 1982년에 한미은행, 1986년에 중앙은행이 잇달아 설립돼 영업을 시작했다. 윌셔, 한미, 중앙 세 은행은 한인경제 성장기인 1980년대에서 2000년대까지 30여 년간 한인은행 3두 마차시대를 열었다.

세 은행은 경쟁을 통해 새로운 금융 프로그램을 개발하고 이를 한인경제에 접목시켜 한인경제가 성장하는 데 기여하는 긍정적인 효과도 있었지만 치열한 경쟁으로 곳곳에서 부딪히는 부작용도 초래했다. 이같은 경쟁은 불과 몇 십 미터도 안 되는 거리에 세 은행이 나란히 들어서는 진풍경을 연출하기도 했다.

미 경제가 호황기로 접어들고 한인경제도 성장하면서 다운타운 의류 봉제를 중심으로 성공한 한인들이 늘어났다. 은행의 수익도 늘어나 은행이 한인들의 매력 있는 투자처로 떠올랐다. 또한 은행이사의 사회적 지위도 높아져 성공한 한인들 사이에 은행 설립에 대한 관심이 부쩍 높아졌다. 이같은 관심을 반영하듯 1988년에 새한은행, 1989년에는 미주은행이 설립됐다. 1980년대 10년 동안 무려 5개의 한인은행이 탄생했다.

1980년대는 로널드 레이건 행정부(1981-1989)가 세금을 낮추고 국내 지출을 줄이는 소위 레이거노믹스(Reagan + economics)라 일컫는 시장 중심적 자유경제정책으로 미국이 2차 대전 후 최대의 호황기를 맞았다. 이로 인해 새로 생겨난 한인은행들도 영업을 시작하자마자 수익을 내 '어느 골목이든 은행 깃발만 꽂으면 수익이 난다'는 말이 나오기도 했다.

1990년대에는 4·29 폭동이 터지고 부동산 버블이 꺼지면서 경제가 어려워져 한인은행이 하나도 생기지 않았다. 그러나 1990년대 후반에 들어서면서 인터넷 닷 컴 붐이 미 경제를 주도하면서 경제가 살아나자 한인은행의 설립 붐도 다시 나타나기 시작했다.

2001년 유니티 뱅크를 시작으로 2002년 미래은행, 2003년 퍼시픽 시티 뱅크, 2005년 CBB 뱅크와 오픈 뱅크, 2010년에 메트로 뱅크 등 10년 사이에 무려 6개의 한인은행이 설립됐다.

한인은행 설립에는 한인은행사의 한 페이지를 장식한 고 정원훈 행장의 얘기를 빼놓을 수 없다. 정원훈 행장은 서울상대를 졸업하고 한국외환은행 전무를 끝으로 은행을 떠났다가 1973년 한국외환은행이 LA에 현지법인 가주외환은행 설립을 맡기면서 다시 금융계로 돌아왔다. 이후 그는 2014년 8월, 94세를 일기로 별세하기까지 한미은행(1982년), 새한은행(1988년), 뱅크 아시아나 은행(1997년) 등 4개 한인은행을 설립하고 초대행장을 지냈다.

2000년대에는 한인은행이 많이 탄생하기도 했지만 기존 은행들의 인수합병도 많았다. 윌셔 은행이 새한은행과 뱅크 아시아나를 인수하고 한미은행이 유니온 퍼시픽 은행(전 가주외환은행)과 글로벌 세이빙스를 인수했다. 또 나라은행과 중앙은행이 합병해 LA 한인은행의 판도가 크게 바뀌었다.

치열한 경쟁의 추억

한인은행이 많이 생기면서 은행간 경쟁도 점점 더 치열해졌다. 한인은행들의 경쟁은 선의의 경쟁을 통해 영업실적을 올리는 선순환의 효과가 있었지만 이곳저곳에서 부작용도 나타났다. 특히 직원 빼가기와 고객 빼앗기는 오랫동안 한인은행들의 고질적인 병폐로 자리 잡았다. 특히 직원 빼가기 병폐는 직원들이 이 은행 저 은행으로 옮겨 다니는 소위 '은행원 바람의 시대'라는 소리가 나올 정도로 이동이 많았다.

한 고객은 은행을 방문했다가 다른 은행에서 알았던 직원을 보고 은행을 잘못 방문한 것으로 착각했다는 우스갯소리가 나오기도 했다. 또 직원을 채용해 실컷 업무를 가르쳐 놓으면 타 은행에서 월급을 더 주고 데려가 어려움을 호소하는 사례도 빈번하게 발생했다.

은행은 생겨나는데 은행경험이 있는 직원들이 없어 불가피하게 발생하는 사태였다. 특히 대출 분야에 경험이 있는 직원들이 많이 필요해 대출업무 직원들의 몸값이 고공행진을 이어갔다. BOA, 웰스파고 등 미 주류은행에서 경험이 있는 한인 직원들도 한인은행의 러브 콜을 받고 한인은행으로 많이 옮겨왔다.

고객 빼앗기 병폐는 예금유치 경쟁에서 나타났다. 서로 예금을 유치하기 위해 고객이 은행에 와서 예금하는 것이 아니라 직원들이 고객한테 가서 돈을 가져오는 배달 서비스 풍속도가 생겨났다. 또 어떤 고객은 평소에 알고 있는 직원의 부탁을 외면하지 못해 예금할 돈을 나누어서 이 은행 저 은행에 예금하는 사례도 나타났다.

브라질, 아르헨티나, 과테말라 등 중남미에 거주하는 한인들도 LA 한인은행의 주요 예금 고객이었다. 그들은 나중에 미국으로 이주할 것에 대비해 LA 한인은행에 계좌를 오픈하고 한국 방문길에 LA에 들러 돈을 예금하고 갔는데 이 돈을 유치하기 위해 은행 직원들이 밤이든 주말이든 직접 공항에 나가 고객의 돈을 픽업해 왔다.

오늘날 셀폰으로 디파짓하는 온라인 시대에 되돌아보는 추억의 한인은행 진풍경들이다.

아름다운 기억, SBA 1등 은행

SBA를 특화하라

나의 성격은 매사에 신중한 편이다. 그러나 생각이 정리되면 곧바로 결단을 내린다.

윌셔 스테이트 은행 이사장으로서 은행 성장의 돌파구를 찾던 중 SBA 프로그램이 번개처럼 뇌리를 스쳤다. 은행과 인연을 맺기 전 사업을 할 때 SBA를 이용했었는데 스몰비즈니스를 하는 한인들에게 좋은 프로그램이라는 생각을 한 적이 있었다.

연방중소기업청(Small Business Administration)이 중소기업 활성화를 위해 만든 프로그램인 SBA는 5백만 달러까지 대출을 받을 수 있고 이자율도 우대금리 수준으로 낮았다. 상환기간도 최고 25년으로 긴 편이며 신청 자격은 미국 영주권자나 시민권자로서 연간 30만 달러의 매출에 크레딧(Credit·신용)만 좋으면 가능해 까다롭지가 않았다. 더구나 정부가 융자금액의 70%-85%를 보증해 주니 은행입장에서는 '땅 집고 헤엄치는 격'이라 할 수 있다. SBA 프로그램이야말로 은행뿐만 아니라 한인들에게도 안성맞춤 상품이었다.

나는 평소 직원들에게 '윌셔 스테이트 은행은 '한인타운의 One Of A 은행'이 아닌 차별화된 은행이 돼야 한다고 강조해왔다. 예를 들어 누가 어떤 것을 이야기하면 '윌셔 은행으로 가라'고 할 정도로 모든 사람이 금방 떠올릴 수 있는 윌셔 스테이트 은행만의 특화 상품을 개발하라"고 주문했다.

나는 윌셔 스테이트 은행의 특화상품으로 SBA 대출 프로그램을 지정했다. 그리고 SBA 전문가를 스카우트해 SBA 팀을 보강하는 한편 당시 전국에서 SBA 최고 은행 중의 하나였던 샌디에고의 뱅크 오브 커머스(Bank of Commerce)를 벤치마킹하라고 독려했다. 필요하면 직원들을 그 은행에 보내 연수시키도록 했다. 뱅크 오브 커머스 은행은 규모는 작지만 SBA 만큼은 미국에서 1,2위를 다투는 SBA 은행으로 정평이 나 있었다.

이같은 나의 SBA 전문가 스카우트 제안에 일부 경영진에서는 너무 지출이 크다며 반대의사를 표하기도 했으나 나는 전문팀을 영입하는 것이야말로 작은 은행 하나를 인수하는 것보다 더

윌셔 스테이트 은행의 SBA 광고사진. 윌셔 스테이트 은행은 1993년 SBA를 은행 특화 상품으로 지정한 이후 영업수익이 올라가고 SBA 1등은행으로 자리매김했다.

효율적이라며 밀어붙였다. 나는 은행이 단시간에 성장하는 데는 다른 은행을 인수 합병하는 것과 은행 내에 전문팀을 구성해 육성하는 것 두 가지가 있다고 생각한다.

다른 은행을 인수 합병할 경우 규모가 커지고 상품을 다양화할 수 있는 장점이 있지만 인수 대상 은행이 가지고 있는 단점도 같이 가져와야 하기 때문에 잘못하면 위험부담을 함께 져야한다.

그러나 소규모의 전문팀을 구성해 육성할 경우에는 비록 규모는 작지만 실적과 비용이 미리 예견돼 있기 때문에 은행 인수의 효과를 내면서도 실패할 가능성이 적다. 또한 특수 상품개발이라는 시너지 효과를 낼 수 있기 때문에 효율적이라고 할 수 있다. 당시 한미은행에 근무하던 박종환 군을 비롯해 몇몇 직원을 스카우트해 SBA 팀을 대폭 보강했다.

LA 1위 SBA 은행

특화 상품으로 지정한 SBA 프로그램이 은행의 전폭적인 지원과 직원들의 노력으로 성과를 내기 시작했다. 1995년 4·4분기에 LA카운티 100여 개 SBA 대출은행 중 1위를 차지하는 기염을 토했다.

SBA 대출에 대한 실적이 인정돼 연방중소기업청으로부터 한인은행으로서는 최초로 SBA 우대은행(Preferred Bank) 자격을 받았다. SBA를 특화상품으로 지정한 지 불과 2년 만에 이룩한 쾌거였다.

우대은행이 되면 SBA 대출 여부를 연방중소기업청을 거치치 않고 은행 자체 심사만으로 대출여부를 결정할 수 있기 때문에 고객들이 더욱 신속하고 편리하게 서비스를 받을 수 있다. 계속된 SBA 실적 증가로 1997년에 'SBA 상'(SBA Award)을 수상했다. 2명의 직원으로 출발했던 SBA 팀이 16명으로 늘어나 은행 내 가장 큰 부서가 됐다. 당시 SBA 팀장이었던 박종환 부장은 29세에 시니어 부행장(SVP)으로 승진해 다른 직원들의 부러움을 사기도 했다.

윌셔 은행은 SBA 대출에 힘입어 영업실적도 눈에 뜨이게 좋아졌다. 한인사회는 물론 미 주류사회에까지 'SBA는 윌셔 은행'이라는 인식이 퍼지기 시작했다. 외국인 고객도 늘어나기 시작했다. 윌셔 은행이 이제 한인사회의 One of A 은행이 아니라 '윌셔 은행 = Best SBA Bank in LA'라는 이미지가 심어졌다. 윌셔 은행이 SBA를 통해 은행 수익을 크게 올리고 있다는 소문이 퍼지자 다른 은행들도 SBA에 본격적으로 투자하기 시작했다. 은행의 경쟁이 SBA 경쟁으로 비화됐다.

윌셔 은행의 SBA 전진은 그칠 줄 몰랐다.

2010~2011 회계연도 첫 6개월(2010년 10월~2011년 3월) 동안에는 168건에 1억3,800만 달러를 융자해 대출건수 기준으로 전국 8위를 기록했다. 이때 전국적으로 SBA 융자를 가장 많이 처리한 은행은 JP 모건 체이스 은행으로 총 2,400건에 4억4,800만 달러를 대출했으며 2위는 웰스 파고 은행으로 1,650건에 총 6억7,700달러를 대출했다.

2012-2013 회계연도에는 총 130건 4,610만 달러의 SBA대출로 SBA LA지역국에서 총액이 가장 많았고, 2013-2014 회계연도에는 349건, 1억8,223만 달러의 SBA 7(a) 융자를 성사시키면서 1위를 기록, 2년 연속 '올해의 SBA 7(a) 대출기관상'을 수상했다.

또한 연방중소기업청(SBA)이 전국 각 지역에서 소규모 비즈니스 성장과 지역사회 경제발전에 크게 기여하는 금융기관들을 선정하여 수여하는 '2014 SBA 파이낸셜 서비스 챔피언상'을 수상했다.

SBA는 윌셔 은행 성장의 주춧돌이 됐다.

I am Cheerman Koh, Not Chairman Koh

Make a nice day!

나는 은행 미팅에 갈 때마다 직원들에게 Make a nice day! 하고 웃으며 먼저 인사를 한다.

그러면 직원들이 같이 웃으며 인사한다. 처음에는 서로 쳐다보며 인사를 할까 말까 망설이다가 얼마 후에는 내가 문을 들어서자마자 환한 미소를 지으며 직원들이 먼저 인사를 한다.

한 사람이 웃으니 옆의 사람도 웃고 은행 내부가 갑자기 밝고 환해졌다. 웃음은 역시 전염성이 강한 것 같다. 그 후 이 소문이 지점에도 퍼져나가 스마일 캠페인이 벌어졌고 '윌셔 은행 = 친절한 은행'의 이미지가 형성됐다.

많은 사람이 경험했지만 은행에 들어가면 조용하고 직원들이 모두 근엄한 표정을 짓고 있어 누구한테 먼저 말을 해야 할지 머뭇거려진다. 이런 분위기 때문에 은행 문턱이 높다거나 은행이 너무 권위적이다 라는 말이 나온 게 아닌가 싶다.

나는 인사할 때 Make a nice day! 라고 말한다. Have a nice day 대신에 Make를 쓴다. Have a nice day 또는 Have a good day라 하지 않고 Make a nice day라고 한다.

Have a nice day는 I wish you have a nice day라는 뜻으로 단순히 '좋은 날 되세요' 하는 바람을 나타내지만 Make a nice day는 보다 적극적으로 '꼭 좋은 날 만드세요' 하는 의지가 들어간 것이라고 생각한다.

비록 아침에 좀 언짢은 일이 있었더라도 빨리 잊고 남은 하루를 즐거운 하루로 만들어라는 의지의 표현이다. 우리는 수시로 '속상하다'고 말하는데 이 말을 자주하면 정말로 속(胃)이 상(傷)하니 속상하다는 말은 하지 않는 것이 좋다. 솔로몬의 잠언에도 '속상하다고 말하지 말라. 정말로 속이 상한다'고 했다.

또한 사람들이 사업에 실패하거나, 시험에 떨어졌을 때 무심코 '나는 망했다'고 말하는데 이 말도 안 하는 것이 좋다. 사업에 실패하면 다시 하면 되고 시험에 떨어지면 다시 도전해서 합격하면 된다. 실패하고 떨어진 것이 사실이기는 하나 그것이 영영 내 인생을 망(亡)하게 하는 것은 아니다.

믿음, 그 무한대의 힘

이런 생각은 모두 각자의 믿음에서 나온다고 생각한다. 좋은 하루를 만든다는 믿음이다. 그러면 하루가 즐겁고 행복하다.

이런 믿음은 바로 긍정마인드에서 나온다.

물컵에 물이 반이 있을 때 반밖에 없다고 보는 사람이 있고, 반이나 남았다고 보는 사람이 있다. 반컵의 물은 생명을 살릴 수 있는 물일 수도 있다. 긍정의 마인드를 가지고 있으면 아무리 어려운 위기라도 극복할 수 있는 힘이 생긴다. 긍정마인드를 가지면 아이디어도 생기고 위기상황에서도 주변 사람들과 지혜를 나누고 팀웍을 다질 수 있다.

이런 긍정마인드는 개개인이 가질 수도 있지만 리더가 직원들에게 비래의 비전을 제시함으로써 직원들이 긍정마인드를 가질 수 있게 하는 것도 중요하다.

러시아의 의사이자 극작가인 안톤 체호프(Anton Chekhov)는 "사람이란 그 자신이 믿고 있는 그 자체"라고 말했다. 믿음은 신앙의 교리(Faith)도 있지만 자신을 이끄는 신념도 믿음이다. 믿음은 인간의 행동을 강하게 바꾸는 힘이 있기 때문에 결과를 바꾸려면 먼저 자신의 믿음부터 바꾸어야 한다.

'플라시보 효과'(Placebo effect)라는 것이 있다. 의사가 효과가 없는 가짜 약을 환자에게 주는 데도 환자의 병세가 호전되는 현상을 말한다. 즉 환자는 약을 복용했다는 심리적 요인으로 병

나는 직원들이 행복감과 자긍심을 갖고 일할 수 있도록 은행 이사장으로서, 인생 선배로서 직원들과 경영과 인생철학을 나누는 대화의 시간을 자주 가졌다.

을 치료하는 효과를 말한다. 이처럼 믿음만 있으면 결과도 좋게 나타나는 법이다.

　은행도 마찬가지다. 은행의 상품도 중요하지만 눈에 보이지 않는 서비스야말로 상품 이상의 효과를 나타낸다. 눈에 보이는 것보다 눈에 보이지 않는 것이 더 중요한 것과 같은 이치다. 우리는 바람을 보지 못한다. 바람에 의해 나부끼는 깃발이나 나뭇가지를 보고 바람이 분다는 것을 안다. 처음에 100달러를 가지고 오는 고객이 있다. 그 사람이 은행을 방문했을 때 눈에 보이지 않는 행복감과 편안함을 느꼈을 때 그 고객은 다음에 1천 달러, 1만 달러를 예금하게 되는 법이다.

오래 전 세계한인무역협회(옥타·OKTA) 회원들과 중국을 통해 백두산을 올라갔을 때다.

백두산 입구에 재일교포가 운영하는 호텔에 투숙했다. 호텔에 있는 동안 종업원들의 친절한 서비스가 인상적이었다. 우리는 일정을 마치고 버스를 타고 호텔을 출발했다.

그런데 우연히 뒤돌아 호텔을 보았는데 호텔 주인이 45도로 허리를 숙인 채 우리가 탄 버스가 보이지 않을 때까지 인사를 하고 있지 않는가. 주인이 떠나가는 고객이 보이지 않을 때까지 머리숙여 작별인사를 하는 모습을 볼 때 감동하지 않는 고객은 없을 것이다. 다시 백두산을 방문한다면 나는 또 이 호텔에 묵을 것이다.

사람과 사람 사이에는 보이지 않는 마음이 오고간다. 옛날 쌀가게를 방문하면 쌀을 되에 듬뿍 담아주는 가게가 있는 반면에 어떤 가게는 싹싹 깎아서 준다. 다음에 어느 가게를 가겠는가. 은행을 찾아 온 고객에게 친절하고 감사의 마음으로 대한다면 그 고객은 다시 찾아 올 것이라 확신한다.

I am Cheerman Koh, Not Chairman Koh

나는 은행 이사장 역할은 은행의 응원단장이라고 생각한다. 응원단장은 자신이 플레이하는 것이 아니라 선수들이 플레이를 잘 할 수 있도록 응원(Cheer-up)하는 것이기 때문에 직원들이 일을 잘 할 수 있도록 정신적으로 환경적으로 행복한 공간을 만들어 주어야 한다. 나는 이를 위해 먼저 직원들이 자신의 개성에 맞는 일을 하고 있는지, 그리고 직원들이 윌셔 스테이트 은행의 구성원으로서 자긍심을 갖고 있는지를 알아보기로 했다.

첫째 직원들의 능력과 개성을 파악하기로 했다. 개개인의 능력과 개성이 다르기 때문에 어떤 사람은 밖에 나가 영업하는 것을 좋아하지만 어떤 사람은 싫어하고, 또 어떤 사람은 숫자를 다루는 업무는 잘하지만 은행창구에서 하는 대 고객업무는 잘하지 못한다. 행장에게 직원들의 개성과 소질을 파악해 그에 맞는 업무를 배치하도록 했다. 이후 파악한 결과에 따라 몇몇 직원들의 부서가 이동되고 지점에 근무하는 직원들은 출퇴근 상황을 고려해 일하는 지점을 이동시켰다. 이후 업무의 능률도 올랐고 모든 직원들이 좋아했다.

둘째 윌셔 스테이트 은행에 근무한다는 자긍심을 갖도록 수시로 경영과 인생에 대한 대화를 나누었다. 친절한 은행, 고객이 편하게 찾을 수 있는 은행이 되기 위해서는 무엇보다 은행 직원들이 먼저 자긍심과 행복감을 갖는 것이 중요하기 때문이다.

당시 직원들과 나누었던 스토리다.

Don't worry

나는 전 세계 1,400여개의 신문을 통해 1억 명 이상과 인생문제를 상담해온 칼럼 '디어 애비'(Dear Abby)를 자주 읽는다. 언젠가 디어 애비에서 읽었던 칼럼을 되살려 본다.

'삶에는 아프냐(ill), 건강하냐(Well)는 두 가지 걱정이 있다. 만약 당신이 건강하다면 걱정할 필요가 없다. 그러나 당신이 아프다면 고칠 수 있느냐, 죽느냐는 두 가지 걱정이 있다. 만약 고칠 수 있다면 아무 걱정할 필요가 없다. 그러나 죽게 된다면 또 두 가지 걱정이 있다. 당신이 천당에 가느냐, 지옥에 가느냐이다. 만약 천당에 간다면 아무 걱정할 필요가 없다. 그러나 지옥에 간다고 할지라도 걱정할 필요가 없다. 왜냐하면 지옥에서 만나는 수많은 당신의 친구들과 만나 악수하기 바쁘기 때문이다. 그러니 이 세상에 걱정할 것은 아무것도 없다.

셋째 나는 경영진과 간부들에게 가능하면 직원들을 칭찬하라고 권유했다. 칭찬은 내가 강연에서 강조하는 주제의 하나인데 누구나 잘 아는 것이지만 실천하기는 어려운 것이 바로 칭찬이다.

다음은 내가 경험한 칭찬의 성과에 대한 예다.

경기침체가 오면 가장 눈에 뛰게 나타나는 것이 예금고가 줄어드는 것이다. 그래서 은행은 항상 일정한 예금을 유지하기 위해 수시로 지점별로 예금유치 캠페인을 벌인다.

한번은 캠페인을 할 때마다 꼴찌를 하는 지점장을 은행에서 우연히 만났다. 나는 '주변에 고객도 많지 않고 열악한데 기대 이상의 실적을 냈다'고 칭찬을 했다. 실제로 그 지점은 신설 지점인 데다 주변에 한인업소가 없어 영업하기가 쉽지 않은 지점이라 큰 기대를 하지 않았다. 그래서 그 지점이 비록 꼴찌는 했지만 기대이상의 실적을 올렸기 때문에 나는 진심으로 칭찬을 해준 것이다. 그런데 그 다음번 예금 캠페인에서 그 지점이 열악한 환경을 극복하고 10개 넘는 지점 중에서 2등을 차지했다.

칭찬의 힘이 크다는 것을 실감했다.

윌셔 대학 가동

나는 응원단장론을 통해 직원들에게 자긍심과 행복감을 심어주는 노력을 하는 한편 조직이 시대와 상황에 맞게 유연하게 대처하도록 하기 위해 은행조직을 개편하고 직원들에게 금융교육을 실시하기로 했다.

경제 환경이 급변함에 따라 금융환경도 빠르게 변하고 있다. 이와같이 변하는 금융환경에 제대로 대처하지 못할 경우 경쟁에 뒤지는 것은 불을 보듯 뻔하다. 2014년 나는 직원 교육을 인재양성 프로그램이라 명명하고 윌셔 대학을 가동했다.

대출, 운영, 영업의 3개 분야를 단과대학으로 하고 은행 업무의 기본인 예금과 대출에서부터 영업기술, 마케팅, 교차판매 등 금융에 관한 전반적인 지식과 실무를 습득하도록 했다.

은행의 모든 직원이 최소한 월 1회 강의를 듣고 1년 과정을 마치면 수료증을 수여했다. 수료증을 받은 직원들은 각 분야별로 최고의 금융전문가가 돼 스스로 자신감을 갖게 됐다. 고객들에게도 일류 서비스를 제공할 수 있게 됐다.

나 역시 직원들에게 대한 신뢰가 생겼다. 또한 외부에 나가면 은행 평가는 재무제표 평가뿐만 아니라 무형자산인 직원에 대한 평가도 이루어져야 한다고 강조했다.

나는 내부 직원 교육과 함께 외부 전문가 영입에도 노력을 기울였다. KPMG 40년 경력의 회계전문가들 비롯해 구글의 시니어 엔지니어, 유명 로펌의 변호사를 직원 또는 이사로 영입해 인력을 관리했다.

창립 35주년을 맞아 윌셔 은행은 미국 6개주 35개 지점을 운영하며 한인사회 뿐만 아니라 러시아, 중국, 중동, 베트남 등 다른 소수민족 사회의 금융 파트너로서 시장을 확대하며 성장을 거듭했다.

나는 이사장으로 일해 오는 동안 SBA 특화상품 지정, 응원단장론, 인력 및 조직 투자 등은 기억에 남는 성공 프로그램이라고 생각한다. 나는 응원단장으로서 우울하고 침체됐던 윌셔 은행의 분위기를 밝고 희망이 넘치는 윌셔 은행으로 바꾸어 놓았다. 이 응원단장 이론은 윌셔 은행의 주가가 7년 동안 무려 1,700% 오르는 밑거름이 됐다.

카멜레온 리더십 민수봉 행장

카멜레온 리더십

1999년 7월, 민수봉 행장이 취임하자 은행에 활기가 넘쳐났다. 그는 특유의 친화력에다 사람을 끄는 탤런트가 대단했다. 심각하면서도 심각하지 않고 가벼운 것 같으면서도 가볍지 않은, 한마디로 정의 내릴 수 없는 좋은 의미의 카멜레온 같은 행장이었다.

이같은 그의 스타일은 전임 임봉기 행장과는 정반대였다. 임 행장이 관리형 행장이었다면 민 행장은 리더형 행장이라고 할 수 있다. 추진력도 대단해 이사회의 승인이 나면 주저하지 않고 곧바로 실행에 옮겨 성과를 내곤했다. 민 행장은 조용하면서 수줍었던 월서 은행의 분위기를 확 바꾸어 놓았다.

한미은행장으로 있었던 민수봉 행장의 영입이 발표되자 한미은행 이사로부터 항의가 들어왔다. 잘하고 있는 남의 은행장을 데리고 갔다는 것이었다.

나는 혹시 이런 문제가 불거져 나올지도 모른다는 생각에 민 행장을 인터뷰하면서 월셔 은행으로 옮기려는 이유를 묻고 또 물었다. 왜냐하면 당시 월셔 은행과 한미은행이 곳곳에서 경쟁을 하던 터라 괜한 오해를 받기 싫었다.

수차례 '꼭 오고 싶다'는 의사를 표시한 민 행장은 '혹시 월급문제가 걸림돌이라면 깎아도 괜찮다'고 했다. 월급을 받는 사람이 월급을 줄여서까지 옮기겠다면 그보다 더 큰 이유는 없다고 생각했다. 그 이후 나는 한미은행측의 항의에 전혀 개의치 않았다.

민 행장의 추진력과 친화력은 곳곳에서 나타났다. LA와 타주 곳곳에 지점과 대출사무소를 신설해 전국 영업망을 마련했다. 2005년에는 뉴욕 리버티 은행을 인수해 진가를 발휘했다. 리버티 은행이 큰 은행은 아니었지만 위치나 고객 분포로 볼 때 미국 동부진출을 위한 거점은행의 역할을 하는 데 적격이었다. 그동안 LA와 뉴욕이 멀리 떨어져 있기 때문에 영업관리에 대한 확신이 없어 뉴욕 진출을 하지 못하고 있었는데 민 행장의 추진력으로 전격 인수하게 됐다. 이후 리버티 은행은 미 동부지역의 마케팅 전진기지 역할을 톡톡히 했다. 그는 또 특유의 친화력으로

굵직굵직한 고객들을 많이 유치했다.

Unbelievable President

그러나 민 행장은 임기 내내 영어로 많이 고생했다. 늦게 미국에 왔으니 영어에 어려움을 겪는 것은 당연했다.

특히 윌셔 은행의 경우 이사회도 영어로 진행할 뿐만 아니라 다른 은행에 비해 영어권 직원이 많고 외국인 직원도 많아 의사소통에 어려움을 겪을 때가 많았다. 이와 같이 영어문제로 어려움을 겪게 되자 취임한 지 한 달여 만에 사임의사를 표시해 만류하느라 애를 먹은 적도 있다. 워낙이 성격이 급한 데다 많은 부분을 영어로 해야 하니 체면도 안서고 답답해서 못하겠다는 것이다.

나는 민 행장에게 '은행 영업을 영어로 하는 것이 아니지 않느냐. 아직도 큰 고객들은 모두 한인들이니 조금만 참고 일해보고 도저히 안 되면 사임하시라'고 만류했다. 이후 세월이 가면서 안정을 되찾았다.

민 행장은 SBA에 비해 상대적으로 위축돼 있던 상업용 부동산 대출과 무역금융을 활성화에 주력, 큰 실적을 올렸다. 더구나 당시 한국정부가 외환거래 자유화 조치를 실시해 시민권자 뿐만 아니라 영주권자도 한국내 부동산 매각대금을 100만 달러까지 자유롭게 반출할 수 있게 되고, 기업의 해외송금 및 현지금융

이용이 자유화돼 무역금융 주력이 주효했다.

이때 무역 금융부서의 직원이 5명에서 10명으로 늘어나고 상업용대출 부서도 신설돼 윌셔 스테이트 은행의 대출 상품이 다양화되고 영업이 크게 성장하는 기틀이 마련됐다.

은행감독국은 민 행장이 수년간 좋은 영업실적을 이어가자 한 회의에서 민 행장에 대해 '대단한 행장'(Unbelievable president)이라고 말해 모두 웃은 적이 있다. 민 행장은 서브 프라임 사태로 미국 경제가 침체를 시작하던 2007년까지 8년간 행장을 하면서 윌셔 은행 성장기를 이끌었다.

나스닥에 상장하다

무엇이 두려운가

1998년 미국 경제는 인터넷 닷 컴 붐이 경기를 주도하면서 또 다시 호황기를 맞았다. 다우존스가 사상 처음으로 1만고지 돌파를 눈앞에 두고 있었고 월셔 은행의 주가도 3배가 올랐다. 10년 만에 최고의 호황이었다.

다시 찾은 산타모니카 해변의 밤바람은 볼을 에는 듯 차가왔다. 지난 5년 동안 롤러코스터 같은 은행 생활이 주마등처럼 스쳐갔다. 모든 것이 안정됐고 주가도 고공행진을 계속하고 있다. 얼마 만에 맛보는 행복감인가. 행복감에 젖어든 순간, 또 다른 생각이 뇌리를 스쳐갔다.

그렇다면 여기 이대로 만족할 것인가, 나스닥 상장(IPO:Initial

Public Offering)을 통해 더 큰 바다로 나아갈 것인가.

나는 지금 최대 한인은행의 대주주로서 부러울 것 없는 나날을 보내고 있다. 그러나 세계가 주목하는 나스닥이라는 바다로 나간다면 자칫 은행의 모든 것이 공개돼 자유롭지 못할 수 있다. 주식 지분율도 크게 줄어든다. 만약 주가가 떨어지기라도 한다면 수많은 주주들로부터 비난을 받을 수 있다. 하지만 나스닥에 상장된다면 대규모 자금조달이 가능해져 윌셔 스테이트 은행이 미 주류은행들과 어깨를 겨룰 수 있다. 그리고 은행의 신뢰도가 올라가고 투명한 경영 활동도 가능해져 커뮤니티 은행에서 전국 은행으로 나아갈 수 있는 발판이 마련된다.

나는 무슨 일을 결정할 때 스스로 묻는 한 가지 질문이 있다. '그 결정이 두려운가'이다. 그리고 '두렵다면 무엇이 두려운가'이다. 왜냐하면 사람이 어떤 목표를 달성하기 위해서는 수많은 결정을 해야 하고 그 결정을 하는 데 가장 큰 걸림돌은 실력도 환경도 아닌 바로 두려움이기 때문이다.

나는 '윌셔 스테이트 은행의 나스닥 상장이 두려운가'라고 스스로 물었다. 생각이 여기에 미치자 결정은 자연스럽게 이루어졌다. 더 이상 생각할 것도 없다. 상장을 하자. 지금까지 내가 기다려왔고 원했던 꿈을 실현할 수 있는 절호의 기회가 아닌가. 커뮤니티 은행의 나스닥 상장이 일반적이지 않았던 그때, 윌셔 스

1997년 다운타운 지점과 세리토스 지점을 오픈한데 이어 한인은행으로서는 최초로 미 주류 시장 공략을 위해 1999년 9월15일 헌팅턴 팍.지점을 개설했다. 미 주류사회 인사들과 히스패닉과 백인 위주 고객인 헌팅턴 팍 지점의 개점 테이프를 끊고 있다.

테이트 은행의 나스닥 상장은 어쩌면 개척자의 길이었다.

나스닥 상장

나는 즉시 이사회를 개최, 나스닥 상장을 의결하고 경영진에 나스닥 상장을 준비하도록 했다. 3개월여의 준비끝에 마감한 IPO를 통해 696만8,150달러의 자본금이 유입됐다. 1998년 11월19일 'WSBK'라는 심벌로 나스닥에 상장됐다.

윌셔 은행의 새로운 이정표가 세워졌다.

누구에게나 생애 최고의 순간이 있다. 은행과 인연을 맺은 지 12년, 은행 이사장을 맡은 지 5년째에 이룩한 쾌거였다. 은행과 인연을 맺은 후 맛보는 최고의 벅찬 순간이었다. 나스닥에 상장되자 기관투자가들의 문의가 늘어났다. 은행의 대외신뢰도가 상승했음을 실감했다. 직원들의 사기도 올라가 영업이 날개를 단 듯 성장가도를 달렸다.

윌셔 은행의 주력상품이 된 SBA 대출도 예외 없이 새로운 기록을 써 내려갔다. 수많은 SBA 대출은행 중 남가주 3위, 전국 22위라는 대기록을 세웠다. 시카고, 달라스, 덴버, 애틀랜타, 뉴욕에 대출 사무소를 설치해 전국 서비스를 시작했다.

부동산 시장이 진정기미를 보여 모기지 전문가를 영입해 모기지 대출을 본격 시작했다. 1998년 윌셔 은행은 총자산 2억3,548만 달러(전년대비 43% 증가), 예금 2억1,092만 달러(40% 증가), 대출 1억4,864만 달러(18%증가), 순익 313만 달러(24% 증가)로 커뮤니티 은행으로서 괄목할 만한 실적을 거두었다. 이사장이 된 지 불과 5년 만에 폭동 이후 최악의 경기침체에도 불구하고 자산이 250% 증가하는 폭발적인 성장을 기록했다.

1998년 윌셔 은행이 나스닥에 상장하던 해, 7월 위스콘신주 블랙 울프런 골프클럽에서 열린 제53회 US 여자오픈에서 박세리 선수가 연장전 마지막 18번 홀에서 맨발 투혼으로 우승컵을 번쩍 들어 올리던 가슴 뭉클한 장면은 지금도 잊을 수 없다.

| 미국 증시 4대 지수 |

미국 증시는 미국을 대표하는 30개 기업으로 구성된 다우존스 산업평균 지수와 기술주 중심의 나스닥 지수, S&P 500지수, 중소기업 중심의 러셀 2000지수가 있다. 각 지수를 살펴본다.

■ 다우존스 지수

1884년 다우존스라는 회사를 설립하고 월스트릿 저널을 창간한 찰스 다우가 주가의 추세를 알기위해 12개 기업의 주가를 매일 신문에 보도한 한 데서 시작됐다. 이후 기업의 수가 30개 기업으로 확대됐는데 지금도 각 업종을 대표하는 30개 대기업의 주가로 다우지수가 결정된다.

현재 애플, 마이크로소프트, 디즈니, 시스코, 코카콜라 등 대기업들이 포함돼있다. 그러나 구글, 아마존과 같이 한 주의 주가가 너무 높거나 테슬라와 같이 변동성이 심한 기업은 포함되지 않고 있다. 다우존스는 시가총액이 떨어진 기업들을 퇴출시키는 대신 새로운 기업들을 포함시켜 변화에 대응하고 있다.

■ 나스닥 지수

NASDAQ(National Association Security Dealers Automated Quotations)은 컴퓨터 전자자동시스템으로 거래되는 나스닥 시장에서 거래되는 주가 지수다. 1971년 미증권거래위원회(SEC)가 장외시장의 주식거래를 통합하고 자동화하기 위해 만든 시스템이다. 나스닥은 컴퓨터 전자자동 시스템으로 거래되기 때문에 뉴욕증권거래소와 같은 매장이 없다. 주로 IT, 벤처 등 기술주 기업들을 중심으로 현재 3,200여 개 기업이 포함돼 있다. 애플, 마이크로 소프트, 페이스북, 엔비디아, 넷플릭스, 스타벅스 등이 포함돼있다.

■ S&P 500 지수

국제신용평가기관인 스탠다드 앤 푸어(S&P)사가 발표하는 지수로 각 분야를 대표하는 500개 기업의 주가를 종합하여 발표한다. S&P 500 지수에 포함되기 위해서는 미국에 본사를 두고 뉴욕증권거래소(NYSE) 또는 나스닥에 등록돼 있어야 한다.

가입조건으로는 시가총액이 118억 달러 이상이며 최근 4분기 실적이 흑자를 기록해야 하고 매일 25만 주 이상의 거래량을 보여야 한다. 또한 공개한 유동주식비율이 50%를 넘어야 한다. 이 조건을 충족하더라도 주가의 변동성이 심한 경우 포함되지 않을 수 있다.

■ 러셀 2000지수(Russel 2000 Index)

러셀 2000은 미국 주식시장에 상장된 기업들 중 시가총액이 1,001위부터 3,000위까지의 2,000개 회사를 모아놓은 지수다. 1984년 미국의 투자회사인 러셀 인베스트먼트사가 만들었다. 주로 중소기업들이 포함돼 있다.

S&P 500이나 나스닥에는 세계 각국의 기업들이 들어 있는데 비해 러셀 2000에는 미국의 중소기업들만이 들어 있다. 이로인해 미국 경기를 민감하게 반영한다.

은행 이사, 그 화려한 두려움

아픔도 추억으로

이 세상에 아프지 않은 삶이 없듯이 그 아픔도 세월 속에 무디어지고 그리워지는 것 같다.

나는 지난 35년 동안 윌셔 은행의 이사장으로 있으면서 은행과 한인사회에 쳐진 보이지 않는 외줄 위에서 혼자 감당해야 했던 갖가지 아픔들이 이제 하나의 그리운 추억으로 변해가고 있음을 느낀다. 은행 이사장이라는 자리, 더구나 전 재산을 올인한 대주주의 자리는 남들이 생각하는 것과 같이 화려하지도 않았고 밖으로 보이는 것처럼 근사하지도 않았다.

어떤 때는 사무치도록 외로웠고 어떤 때는 잠을 이룰 수 없도록 아슬아슬할 때도 많았다. 자칫 발을 잘못 디디기라도 한다면 냉혹

한 현실의 바닥으로 추락하고 만다. 그래서 언제나 긴장했고 신발 끈을 동여맸다. 더구나 한인 최대 은행의 이사장이며 대주주였던 나를 향한 사람들의 기대와 격려는 두려움으로 다가왔다.

"그 정도의 대출도 못 한다고? 이사장이 그 정도의 대출도 못 해주느냐" 명확히 해석하기도 어려운 '그 정도의 대출'이라는 말은 은행 이사로 있는 지난 40여 년 동안 언제나 내 머리를 짓눌렀다.

어찌 보면 이 말은 현금과 정(情)으로 비즈니스를 하는 이민 1세 한인들의 사업문화가 만들어낸 참으로 '정스런 말'이다. 그러나 한인들이 쉽게 생각하는 이 정스런 '그 정도의 대출' 부탁은 이사의 가장 기본적인 의무인 '신의 성실의 의무'(Fiduciary Duty)에 위배되는 것으로 완벽주의를 추구해온 내 성격과 충돌해 오랫동안 나를 혼란스럽게 했다.

은행 이사가 'Fiduciary Duty'를 위반하면 감독국으로부터 지적을 받게 되고 이는 은행이 제재조치를 받는 가장 큰 원인이 된다. 은행감독국이 은행에 감사를 나오면 가장 먼저 점검하는 것이 이사들이 신의 성실 의무를(Fiduciary Duty) 위반하지 않았는가를 살펴보는 것이다. 즉 경영진을 감독하는 이사회가 제대로 책임과 의무를 다했는지를 보는 것이다.

이사가 이사라는 직책을 이용하여 특혜를 받은 것이 없는지, 은행 경영을 제대로 관리 감독했는지를 점검한다. 감독국의 제재를 받고 있는 은행의 경우에는 이사회 회의록까지 샅샅이 들여다본다. 이같은 이사의 책임과 의무 때문에 나는 지인들의 대출 부탁을 들어줄 수 없었다. 그 일을 생각하면 지금도 안타까운 심정이다.

Fiduciary Duty

은행 이사들은 은행법에 규정된 'Fiduciary Duty'(신의 성실의 의무)의 규제를 받는다. 이 의무는 이사들이 은행업무와 관련해 행해지는 모든 행위에 적용된다. 은행을 감독하는 FRB 규정(5000.1)에 의하면 은행 이사의 의무(Duties and Responsibilities of Directors)는 크게 5가지가 있다.

▲은행 업무의 효율적인 감독(Effective Supervision of Bank Affairs)

▲은행의 건전한 정책과 목표의 수립(Adoption and Adherence to Sound Policies and Objectives)

▲이사 개인의 이익 및 특혜 배제(Avoidance of Self-Serving Practices)

▲은행 재무상태 관리(Awareness of the Bank's Financial Condition and Management Policies)

▲유능한 경영진의 선임(Selection of Competent Executive) 등이다.

은행이사는 법에 규정한 이같은 5대 의무에 의해 은행을 감독하고 정책을 수립하며 경영진을 선임하는 의무를 다해야 한다.

FRB 규정이나 은행 이사의 주의의무에 관한 규정과 판례법 등을 종합해 볼 때 은행 이사에 요구되는 신의 성실의 의무는 일반 회사의 이사에 비해 훨씬 더 무겁게 적용된다.

은행 이사는 일반 회사와 달리 수많은 고객과 주주에 대한 책임과 의무라는 공공성이 적용되기 때문에 안전성과 건전성이 동시에 요구된다.

자료에 따르면 뉴욕주의 판례법에 따르면 은행 이사는 일반 주식회사의 이사에 비해 주의 의무가 더 엄격하게 적용되며 경영판단원칙의 보호를 받지 못한다. 은행 이사는 은행의 업무에 관한 전문지식을 갖고 있는 것으로 판단되기 때문에 민사상 책임을 면할 수 없다.

은행 이사는 경영진과 직원의 업무에 대해 전반적으로 책임을 져야하기 때문에 경영진과 직원에 대한 관리 감독의 책임과 의무가 있음을 인지해야 한다.

부끄러운 자화상

지난 반세기 동안 한인경제가 눈부신 성장을 거듭할 수 있었던 것은 성장의 마중물 역할을 담당했던 한인은행이 있었기에 가능했음을 부인할 수 없다.

아무도 가보지 않았던 은행이란 길을 걸으면서 때로는 서로 싸우고 서로 달래며 고심했고, 때로는 외부로부터 질타와 격려를 받으며 울고 웃었다.

특히 1980년대 은행 태동기와 1990년대와 2000년대 성장기를 거치면서 밖으로는 급변하는 경제상황에 대처하느라 땀을 흘려야 했고, 안으로는 이사 간의 갈등, 이사진과 경영진의 갈등, 그리고 경영진 사퇴라는 아픔을 겪는 피곤한 하루하루를 보내야 했다. 당시 한인 언론에 오르내렸던 이같은 은행 내 갈등은 은행

이사의 한 사람으로서 부끄러운 자화상이었다.

나는 당시 한인은행의 이사회와 경영진 간의 갈등은 태생적 갈등이라고 진단한다. 이사들과 경영진은 처음부터 의식이 달랐다. 이사진은 은행주식의 50% 이상을 소유하고 있었기 때문에 은행의 주인(Ownership)의 의식을 가지고 있었고 경영진은 금융 전문가라는 생각을 했다. 그렇기 때문에 의견 충돌이 발생하면 자본가와 금융 전문가라는 자존심 대결로 쉽게 비화됐다.

또한 이사들은 경영진을 고용의 개념으로 생각하고 있는 반면 경영진은 이사들을 은행직원들이 노력해 얻은 수익의 최대 수혜자라고 생각하는 경우가 많았다. 이로 인해 상호 존경보다는 대립이라는 관계로 비춰지곤 했다. 많은 한인은행장이 임기를 제대로 채우지 못하거나 연임되지 못한 것이 이같은 사실을 반영하고 있다.

심심찮게 발생했던 이사들 간의 갈등도 은행이 설립될 때부터 형성된 태생적인 특수 구조 때문이다. 한인은행 이사는 처음 은행을 설립할 때의 창립 주주들이 그대로 이사가 되는 경우가 많았다. 그렇다 보니 이사진 구성이 자연스럽게 창립 주주들의 학연이나 지연, 비즈니스로 연결되는 경우가 많았다.

이같은 인연으로 인해 이사회에서 의견의 충돌이 있을 때는 사안에 관계없이 학연, 지연 등으로 맺어진 이사들끼리 뭉쳤고 갈등이 발생할 때는 파벌로 비화됐다.

이사들의 파벌은 특히 행장을 선임할 때 많이 나타났는데 행장을 지지하는 이사와 지지하지 않는 이사들 간에 분열이 발생했다.

나 역시 오랫동안 윌셔 은행 이사장을 하면서 살얼음판을 걷는 심정으로 이사회를 이끌어 왔다. 윌셔 은행도 초창기 한인 이사와 외국인 이사들 간에 문화적 차이로 인해 많은 갈등을 겪었다. 내가 이사장을 맡은 이후 새 이사들이 영입되고 한인고객이 영업의 주류를 이루면서 갈등이 사라지기 시작했다.

나의 경험으로 볼 때 한인은행의 이사회는 자본가인 주주와 금융전문가, 한인과 외국인의 적절한 분포가 이상적일 수 있다.

자본가인 주주는 주인의식을, 전문가는 금융지식을 상대적으로 비중있게 소유하고 있고, 한인은 커뮤니티의 특수성을, 외국인은 주류사회의 특수성을 각각 잘 이해하고 있기 때문에 잘 융합하면 이사회의 정책결정에 큰 도움을 줄 것으로 생각한다.

현재 대부분의 한인은행 이사회가 이같은 균형적인 이사 분포를 유지하고 있는 것 같다.

'책임지겠다'의 무책임

오랫동안 이사장을 해오면서 아쉬웠던 것 중의 하나는 이사든 경영진이든 은행직원이든 이견이 생겼을 때 "내가 책임지겠다"고 하는 말이다. 그 말은 곧 책임지지 않겠다는 말이라고 생각한다. 무엇을 어떻게 책임지겠다는 건지 도무지 이해할 수 없다. 이사는 이사직을 그만두면 되고 행장이나 직원은 은행을 그만두면 되지만 만약 일이 잘못됐을 경우 피해를 입은 수많은 주주들과 고객, 은행은 어떻게 하겠다는 건지 알 수가 없다.

책임지겠다는 말이 곧 책임지지 않겠다는 말로 들리는 이유다. 프로페셔널리즘의 부족이 아닌가 싶다. 목숨을 거는 것이 아니라면 함부로 책임지겠다는 말을 하지 않는 것이 좋다.

지금은 모두 사라진 추억의 자화상들이다.

은행 이사의 4대 의무
- 나의 경험을 토대로 -

올해 햇수로 40년째 은행 이사로 일하고 있다. 짧다면 짧고 길다면 긴 세월이다. 그러나 누군가 나에게 '은행이사의 길이 무엇인가'로 묻는다면 선뜻 말할 수 없다. 은행 이사의 길이 그만큼 어렵고 명확하게 정의하기 힘들기 때문이다. 오랫동안 은행이사로 있으면서 느꼈던 보람과 아쉬움, 시행착오의 경험을 토대로 커뮤니티 은행 이사의 4대 의무를 엮었다.

고객과 주주에 대한 의무

은행이사들이 한 순간도 잊어서는 안 되는 책임과 의무는 바로 고객과 주주에 대한 책임과 의무다. 고객들이 피 땀 흘려 번 돈을 은행에 맡기는 이유는 안전성과 수익성 때문이다. 그렇기 때문에 은행은 고객의 돈을 안전하게 지켜 줄 책임과 의무가 있다.

은행은 고객의 돈을 안전하게 관리하고 고객의 비즈니스가 성장하는 데 기여할 책임이 있다. 은행과 고객은 앞뒤에서 끌어 주고 밀어주는 관계다. 고객 없이 은행이 성장할 수 없고 은행 없이 고객도 성장할 수 없다. 그러므로 이사들은 은행 경영진과 직원들이 이같은 사명감을 가지고 일하고 있는지를 살펴야 하고 방향을 제시해야 한다.

수많은 주주에 대한 책임도 중요하다. 주주들은 은행을 믿고 투자를 한다. 은행과 이사는 주주들의 궁극적인 목적인 수익을 위해 정직(Integrity)과 투명성(Transparency)을 갖고 성실히(Sincerity)히 노력해야 하는 의무가 있다.

직원에 대한 의무와 책임

은행 직원들이 삶의 행복을 추구할 수 있는 권리를 보장해 주도록 노력해야 한다. 그 행복추구의 권리는 직원들이 행복감을 느낄 수 있는 근무환경을 조성하고 일한 대가를 정당하게 받을 수 있도록 보장하는 것을 통해 이루어진다.

또한 직원이 공정하고 정의롭게 평가받을 수 있도록 해야 한다. 직원들은 공정하고 정의로운 평가를 받을 때 행복감을 느끼게 된다. 은행에 들어가 보면 직원들이 은행원이라는 자긍심과 행복감을 갖고 일하고 있는지 아닌지 금방 알 수 있다. 자긍심이 있는 직원들은 밝고 친절하며 자신감이 넘친다.

그러나 어떤 은행에 들어가 보면 은행직원들이 고객의 눈길을 회피하려고 한다. 직원들이 자긍심이 없고 사기가 떨어진 예다. 이사들은 은행직원들이 행복을 추구할 수 있도록 보호하고 보살펴야 한다.

커뮤니티 발전에 기여할 의무

은행은 1977년에 제정된 연방법 CRA(Community Reinvestment Act, 커뮤니티 재투자법)에 따라 커뮤니티 발전해 기여하도록 법으로 규정돼 있다.

주주와 고객, 직원 없이 은행이 존재할 수 없듯이 커뮤니티가 없다면 역시 은행이 존재할 수 없다. 커뮤니티가 성장해야 은행이 성장할 수 있다. 그렇기 때문에 은행은 커뮤니티가 성장할 수 있도록 지원해야 한다. 나아가 커뮤니티의 가치를 공유하고 존중해 커뮤니티가 경제, 사회, 문화적으로 발전할 수 있도록 리드하고 나아갈 길을 모색해야 한다. 또한 커뮤니티가 각종 재해로부터 보호받을 수 있도록 책임을 다해야 한다. 현재 한인은행들이 펼치고 있는 다양한 커뮤니티 지원사업, 장학사업, 봉사 프로그램들은 바로 한인은행들이 커뮤니티에 대한 책임과 의무를 다하는 것이라 볼 수 있다.

후세에 대한 책임과 의무

후세에 대한 책임과 의무는 후세들이 자긍심을 갖고 자랑스러운 한인으로 성장할 수 있도록 환경을 만들어 주고 지원하는 것이다.

후세들의 스타트 업 비즈니스를 지원해 주고, 장학사업을 통해 필요한 기금을 후원해 주며, 후세들이 커뮤니티의 일원으로 자랑스럽게 일할 수 있는 환경을 조성해 주어야 한다.

이것은 바로 1세 금융인들이 명심해야 할 의무다. 비즈니스와 은행은 실과 바늘과 같은 동반자의 관계다. 한인 후세들이 미국 사회의 주역으로 일하면서 마음껏 활용할 수 있는 큰 은행을 만들어야 한다.

3

성장의
빛과 그림자

삶에는 언제나 고난과 실패가 있다.
그 고난과 실패를 맞이하는 태도에 따라
고난과 실패의 늪에 빠지느냐,
성공의 길로 들어서느냐가 달라진다.

Investor's Business Daily 미 전국 1등 은행

2003년 12월 29일.

연말은 언제나 처럼 부산했다. 출근 길 라디오를 켜자 10대 뉴스들이 흘러나왔다. 이라크를 공격한 미국이 독재자 사담 후세인을 체포, 25년간의 후세인 독재시대가 막을 내렸다.

중국 광동성 일대에서 급성폐렴 증세의 괴질이 퍼지면서 사스 (SARS·중증급성호흡기증후군) 공포가 전 세계를 강타했다.

한국에서는 대구 지하철 폭발사고로 192명이 목숨을 잃었고 노무현 대통령이 16대 대통령으로 취임했다. 이민 100주년을 맞이한 LA 한인사회는 새해 로즈 퍼레이드 꽃 차 출범을 시작으로 갖가지 행사를 펼치면서 이민 100주년을 축하했다. 지구촌은 저마다의 사연을 안고 그렇게 한 해를 마무리하고 있었다.

10대 뉴스가 끝나고 은행 주차장으로 막 들어서려는데 셀폰이 요란하게 울렸다. 은행직원이 다급한 목소리로 '이사장님, 이사장님 …' 하고 불렀다. '무슨 큰 일이 일어났구나' 하고 가슴이 철렁하는 순간, '우리 은행이 1등으로 선정됐어요, 1등' 하는 것이었다. '아 나쁜 일은 아니구나' 안도의 한숨을 내쉬었다.

전국 478개 은행 중 1등

미국에는 월 스트리트 저널(Wall Street Journal)과 인베스터스 비즈니스 데일리(Investor's Business Daily)라는 2개의 전통 있는 경제 신문이 있다.

이 두 신문은 비즈니스맨이나 투자자들이라면 모두가 읽는 최고의 신문이다. 특히 Investor's Business Daily는 미국 최고의 투자 전문 일간지로 영향력이 있는 신문이다.

Investor's Business Daily는 매년 뉴욕 증시에 상장된 미국내 478개 커뮤니티 은행을 5개 기준에 의거 평가한 뒤 순위를 매겨 발표하는데 월셔 은행이 1위로 선정됐다.

선정기준은 ROE(자본수익률), ROA(자산수익률), Efficiency Rate(효율성), EPS(주당순이익), Management(경영진) 등 5개 부문으로, 전체은행을 비교평가(Relative Strength)하는 형식으로 이루어졌다. 월셔 은행은 EPS와 RS 평점이 100점 기준, 각각 97점과 92점을 받아 가장 높은 평균치를 기록했다. 이날 발표된 순위 가운데 한인은행으로는 나라은행이 8위, 퍼시픽 유니온 은행 (전 가주외환은행)이 47위를 기록했다. 한인은행보다 규모가 큰 중국계 은행 중에는 UCBH가 13위, 이스트 웨스트 은행이 24위에 오르는데 그쳤다.

권위 있는 신문에서 선정하는 만큼 윌셔 은행은 전국 투자자들과 금융계로부터 큰 주목을 받았다. 더구나 닷 컴 버블 붕괴로 미경제가 어수선한 시기에 수백 개의 커뮤니티 은행 중에서 1등을 차지했으니 대단한 영광이었다. 모든 임직원들이 기쁨을 감추지 못했다.

이사장이 된 지 10년 만에 숱한 어려움을 극복하고 이룬 쾌거였다. 앞만 보고 달려온 지난날이 조금은 보상받는 듯했고 은행가로서의 자긍심도 느꼈다.

Beyond the Community Bank

윌셔 은행의 성장은 계속됐다.

2004년 말 ROE가 25.4%, ROA 1.7%를 기록했다. 효율성도 한인은행 중 가장 높은 43%를 기록했다. 2005년 1월5일자 Investor's Business Daily가 발표한 미 전국 상장기업 종합경영 평가에서 수천 개의 기업 중 당당히 61위를 기록했으며 한인은행 중에서는 1위를 차지했다.

또한 뱅크 전문지 '아메리카 뱅커(America Banker)지'가 발표

나는 2007년 나스닥 클로징 벨 타종에 이어 2010년 3월 30일 나스닥 오프닝 벨을 타종했다. 뉴욕 타임스퀘어 나스닥 건물 외부 벽에 나온 영상.

한 자산 20억~100억 달러 '미드 티어(Mid-Tier)은행' 순위에서 자본수익률(ROE) 18.19%를 기록해 전국 4위에 올랐다.

이 자료는 2012년부터 2014년까지 3년 간의 ROE와 대출성장률, 순이자수익(Net Interest Income) 등을 비교 분석했다.

윌셔 은행은 또 독립커뮤니티은행협회(ICBA)가 선정한 최고의 커뮤니티 은행에도 선정되는 영예를 안았다. 이 협회는 윌셔 은행이 자산수익률(ROA) 부문 전국 5위, 자본수익률(ROE) 전국 21위에 랭크됐다고 발표했다. 윌셔 은행은 2006년까지 5년여 동안 주가가 무려 19배 오르는 경이적인 성장가도를 이어갔다.

나스닥 벨 타종

2007년 5월15일 한인으로서는 최초로 나스닥 클로징 벨을 타종했다. 나스닥은 나스닥에 상장된 기업 중 재정상태와 경영실적이 우수한 기업의 경영진이나 이사진을 초청해 나스닥을 개장하는 오프닝 벨과 폐장을 알리는 클로징 벨의 타종을 맡기고 있다.

나는 이날 클로징 벨에 이어 2010년 3월30일에는 윌셔 은행 이사장으로 오프닝 벨을, 그리고 2020년 7월27일에는 뱅크 오브 호프 이사장으로서 오프닝 벨을 타종해 나스닥 벨을 3번이나 타종하는 유일한 한인이 됐다.

나스닥 벨을 타종하면 뉴욕타임 스퀘어에 있는 7층 높이의 나스닥 원통형 건물 외부 화면에 벨을 타종한 회사를 소개하는 영상이 나와 큰 홍보효과가 있다.

Your Attitude Determine Your Altitude
(태도가 당신의 높이(성공)를 결정한다)

Attitude와 Altitude

지난 1999년 7월 월셔 은행장에 취임해 2000년대 월셔 은행의 화려한 도약기를 이끌었던 민수봉 행장의 두 번째 임기가 2008년 만료됐다. 이사회에서 세 번째 연임안이 나왔으나 본인이 고사한 데다 은행에 새로운 바람이 필요하다는 의견도 나와 자연스럽게 민 행장이 퇴임하게 됐다.

이사회는 곧바로 최고대출책임자(CCO)로 오랫동안 일해 왔던 조앤 김 전무를 새 행장으로 만장일치로 선임했다. 조앤 김 행장은 민수봉 행장이 월셔 은행장으로 영입될 때 같이 와 은행 2인자로서 줄곧 대출책임을 맡아 왔다. 김 행장은 그동안 한인은행들이 행장을 찾을 때마다 행장후보로 거론돼온 실력 있는 여성

은행가였다.

2008년 4월1일, 나는 조앤 김 행장의 취임식을 겸한 직원과의 대화의 시간을 가졌다. 다음은 그 내용이다.

여러분, 오늘 월셔 은행에 새 행장이 탄생했습니다. 조앤 김 행장입니다. 여러분이 아시다시피 조앤 김 행장은 30여 년 전 우리은행의 말단 직원에서 시작해 오늘 행장 자리까지 올랐습니다.

여러분들도 모두 행장이 될 자격이 있다고 생각합니다. 저는 여러분들에게 이사장이 아닌, 인생의 선배로서 다음 몇 가지를 같이 나누고자 합니다.

바로 Your Attitude determine your altitude입니다. 여러분의 태도가 여러분의 높이 즉 삶의 성공을 결정한다는 것입니다. Attitude의 첫 t자가 l자로 바뀌는 것뿐인데 삶에 있어서는 성공의 높이를 가늠해 주는 엄청난 차이로 나타납니다.

나는 태도가 타고난 재능이나 외모, 기술보다 더 중요하다고 생각합니다. 태도는 기업을 무너뜨리기도 하고 기업을 살리기도 합니다. 어떤 사람은 위에서 시키는 일만 하는 사람이 있는가 하면 어떤 사람은 말단 직원인데도 회사의 중역처럼 일하고 회사의 중역보다 더 희생합니다. 시키는 일만 하는 사람은 영영 시키는 일만 하게 되지만 중역처럼 일하는 사람은 이미 그 사람이 중역이 된 것입니다.

태도는 경력을 복리화시키는 마력을 갖고 있습니다. 태도를 바꾸십시오. 그냥 피아노를 잘 치는 사람이냐 유명한 피아니스트냐의 차이는 그 사람의 태도에 달려 있습니다.

은행이 여러분을 위해 무엇을 해 줄 것인가를 기다리기 전에 먼저 은행을 위해 해야 할 일이 무엇인지를 찾아 나서십시오. 바로 리더십의 태도입니다. 나는 직원의 태도가 기업이나 은행을 성공으로 이끌기도 하지만 실패의 길로 이끌기도 한다고 생각합니다. 실패한 사람들은 운이 없어서 실력이 없어서 실패했다고 합니다. 또 많은 실패한 기업들이 상품이 안 좋아서 경기가 안 좋아서 실패했다며 실패의 원인을 외부로 돌립니다.

그러나 나는 실패의 원인은 그 사람의 태도에 달려 있다고 생각합니다. 기업은 스스로 망하지 않습니다. 사람이 기업을 망하게 하는 것입니다. 기업의 승패는 경영자든 직원이든 기업을 구성하는 구성원의 태도에 달려 있습니다.

Never Give up

상품이 안 좋은 것은 직원들이 노력하지 않았기 때문입니다. 또한 경기가 안 좋다고 기업들이 다 실패하는 것은 아닙니다. 직원들이 똘똘 뭉쳐 불경기일 때 더 성장하는 기업이 얼마든지 있습니다.

축구의 박지성 선수, PGA의 최경주 선수가 다른 선수에 비해 신체조건이 그리 좋은 편이 아닙니다. 그러나 그들은 끝없는 노력으로 유명한 선수가 됐습니다. 여러분 박지성의 발과 세계적인 발레리나 강수진의 발을 보십시오. 가슴이 막혀 침을 한번 삼키지 않고는 볼 수가 없습니다.

그들의 성공은 그들의 노력과 비례합니다.

전문가가 되기 위해서는 1만 시간의 노력이 필요하다고 합니다. 매일 하루 3시간씩 10년을 노력하는 시간입니다. 여러분 노력하는 사람이 되십시오. 그리고 Never Give up, 포기하지 마십시오. 노력하는 태도는 인내라는 꿈을 먹고 자랍니다. 하루 이틀, 또는 1, 2년 정도로 노력해서는 태도가 바뀌지 않습니다. 다른 사람과의 차이도 나타나지 않습니다. 꾸준히 노력하고 인내하며 기다려야 합니다.

오늘 행장이 된 조앤 김 행장을 비롯해 한인은행의 모든 행장들이 말단 직원부터 20~30년씩 은행에서 일해 온 사람들입니다. 자동차를 운전해 주차장에 들어가면 주차할 자리가 없습니다. 빈자리가 없다고 밖으로 나가 버리면 밖에도 자리가 없습니다. 안팎을 다니며 빈자리를 찾다가 시간을 허비하고 맙니다. 그러나 주차장을 한 바퀴 돌며 잠시 기다리면 분명히 빈자리가 나옵니다.

나는 능력 있는 직원들이 인내하지 못하고 은행을 떠나 이 은행, 저 은행을 기웃거리다가 능력을 제대로 인정받지 못하거나 아예 은행을 떠나는 사람들을 많이 봤습니다.

임직원 여러분

'삶은 자신에게 일어나는 일 10%와 그 일에 대한 자신의 태도 90%로 이루어진다'고 척 스윈돌 목사님이 설파했습니다. 삶에는 언제나 고난과 실패가 있습니다. 그 고난과 실패를 맞이하는 태도에 따라 고난과 실패의 늪에 빠지느냐, 아니면 성공의 길로 들어서느냐가 달라지는 것입니다. 여러분, 우리 스스로 태도를 점검하고 뭘셔 은행의 밝은 미래를 향해 나아갑시다.

감사합니다.

서브 프라임 사태와 미래은행의 비극

서브 프라임(Sub-prime), 그 예견된 사고

세상 이치가 그렇듯이 오르막이 있으면 내리막이 있는 법. 그렇게 잘나가던 미국 경제가 2008년부터 내리막길을 타기 시작했다. 서브 프라임 모기지 사태가 터진 것이다.

서브 프라임 모기지*(Sub-prime Mortgage) 사태는 주택 등 부동산 가격이 올라가면서 은행들이 비우량고객(크레딧이 낮은 고객)들에게 주택을 담보로 무분별하게 대출해 주다가 금리가 올라가자 대출자들이 페이먼트를 하지 못해 대출이 모두 부실화된

---

* 서브 프라임 사태 : 120 페이지 참조
* 서브 프라임 관련 한국 월간조선 기획인터뷰 : 136 페이지 참조

사건이다.

이 사태로 대형 투자은행인 리먼 브라더스를 비롯해 미 최대 모기지 업체인 컨트리 와이드, 와코비아 은행 등이 줄줄이 파산되는 등 2차 대전 후 최악의 금융위기를 맞았다.

윌셔 은행도 서브 프라임 사태를 비켜가지 못했다.

행장을 중심으로 서브 프라임 사태에 대비했으나 결국 다른 은행과 마찬가지로 윌셔 은행도 연방정부에서 지급하는 구조자금지원프로그램(TARF) 6,220만 달러를 수령해 위기를 넘겼다.

그러나 부동산 담보 대출이 날이 갈수록 부실화되기 시작하면서 은행이 또 다른 위기에 직면했다.

나는 다시 돌파구를 찾기위해 'Yes, 2009' 캠페인 카드를 꺼내 들었다. 위기 돌파를 위한 비상대책이었다. 은행뿐만 아니라 모든 기업들이 힘들 때, 은행이 희망을 주는 캠페인을 벌여야 한다고 생각했다. 과감하게 신규 대출을 실시하고 고객 서비스도 업그레이드했다. 특히 은행감독국에 의해 영업이 중단된 미래은행을 인수한 데 이어 뉴욕의 플러싱 지점과 프토웍 지점을 오픈하고 텍사스주 영업도 강화했다. 다른 은행이 움츠리고 있을 때 오히려 영업망을 확대했다.

이같은 'Yes 2009' 위기돌파 정책에 힘입어 한인은행 중 유일하게 순익을 냈다. 미래은행 인수로 다시 한인 최대은행으로 부상했으며 각 기관들이 발표하는 작종 수치에서 수익성이 높은 은행으로 지목됐다.

미래은행 폐쇄

서브 프라임 사태의 최대 피해자는 2005년 설립된 미래은행이었다. 미래은행은 부실대출이 눈덩이로 불어나면서 경영이 악화됐고 결국 연방예금보험공사(FDIC)로부터 3,000만 달러의 증자명령을 받았으나 이를 이행하지 못해 설립 5년만인 2009년 6월 결국 은행이 폐쇄당하는 아픔을 겪었다. 그 전에 한국 서울신탁은행의 현지법인이었던 가주서울신탁은행이 연방감독국으로부터 폐쇄 명령을 받아 문을 닫은 적은 있었으나 순수 한인자본으로 설립됐던 한인은행이 폐쇄된 것은 미래은행이 처음이다.

미래은행이 폐쇄되자 FDIC는 은행 인수를 위한 비공개 입찰을 진행했다. 이때 윌셔 은행을 비롯한 거의 모든 한인은행들이 입찰에 참여했으나 윌셔 은행이 최종 인수자로 선정됐다. 당시 인수조건은 미래은행의 예금 2억9,340만 달러에 대해서는 1.1%의 프리미엄을 제공했으나 대출 2억8,570만 달러는 3,599만 달러를 할인받았다. 특히 장래 발생할 부실에 대비해 대출 손실의 80-95%까지 보증을 받게 돼 인수는 실속 있는 거래로 평가됐다.

미래은행 사태는 은행 운영을 잘못할 경우에는 언제든지 폐쇄될 수 있다는 경종을 울려준 사건이었다.

| 서브 프라임 사태 |

2차 세계대전이후 최악의 금융위기였던 서브 프라임 사태는 2000년대 초반부터 잉태되기 시작했다.

2000년대 초의 IT 버블, 2001년의 9.11 사태, 그리고 아프간 이라크 사태 등으로 미국 경기가 악화되자 미 정부는 경기부양책으로 초저금리 정책을 펼쳤다. 이에 따라 모기지(Mortgage, 주택융자) 금리가 인하됐고 모기지 금리가 인하되자 부동산 가격이 상승하기 시작했다. 모기지 융자은행들은 부동산 가격이 상승하자 주택을 담보할 경우 대출이 부실이 되더라도 손해를 보전할 수 있다고 믿고 크레딧이 약한 사람(Sub-prime)에게도 융자를 해주기 시작했다.

미국 금융기관에서 사용하는 신용등급은 350에서 800이 있는데 700이상이면 프라임, 620이이면 서브 프라임으로 분류한다.

그러나 2004년 저금리 정책이 종료되자 크레딧이 약한 저소득층 대출자들이 모기지를 제대로 갚지 못하게 됐고 모기지 금융기관들이 대출금 회수 불능사태에 빠졌다. 또한 부동산 가격까지 폭락하자 대출 금융기관들의 손실이 눈덩이처럼 불어났다.

결국 미국 2위의 모기지사인 뉴 센츄리 파이낸셜사가 파산을 신청해 충격파가 일기 시작했다. 이어 연방준비제도이사회(FRB)가 부실위기에 처한 대형 금융기관인 리먼 브라더스에 구제금융을 하지 않기로 결정해 리만 브라더스가 파산하면서 미 금융계에 미친 파장은 걷잡을 수없이 커졌다.

대형 증권회사인 베어스턴스는 JP 모건에, 메릴린치는 뱅크 오브 아메리카(BOA)에 인수되고 최대 생명보험회사 중의 하나였던 AIG는 부문별로 쪼개져 공중분해됐다. 미국에서 시작된 금융위기가 세계경제를 오랫동안 침체로 빠뜨리게 한 대형 금융사태다.

천당에서 나락으로

호사다마(好事多魔)

2010년 은행 창립 30주년을 맞았다.

윌셔 은행은 서브 프라임 사태의 소용돌이 속에서도 한인은행 중 유일하게 2008년과 2009년 연속으로 2,000만 달러 이상의 흑자를 기록했다. 더구나 지난 수년 동안 세 차례의 주식 분할과 세 차례의 주식배당을 실시해 주주들로부터는 사랑을, 다른 은행 주주들로부터는 부러움을 받았다. 2009년에 미래은행을 인수해 30주년을 앞두고 자산규모에서 1위 한인은행으로 올라섰다.

이같은 실적으로 은행 평가기관인 바우어 파이낸셜사의 평가에서 4 스타(매우 우수) 평점을 받았다.

뱅크 오브 아메리카 3.5 스타, 시티뱅크와 웰스파고 은행이 3 스타를 받은 것과 비교할 때 훌륭한 성적이었다.

또한 은행전문지 '뱅크 디렉터'가 자산규모 30억달러 이상인 미국내 150개 은행을 대상으로 수익성, 자본적정성, 자산건전성 등을 조사한 '뱅크 퍼포먼스 스코어'에서도 한인은행중 가장 높은 32위를 기록했다. 주류 대형은행인 US 뱅콥(36위), 웰스파고(45위)를 제치는 좋은 결과였다.

창립 30주년을 맞아 언론과의 인터뷰*를 통해 제 2의 창업을 선언하는 한편 기념 로고도 만들고 갖가지 행사도 개최했다. 나는 3월30일 나스닥 오프닝 벨을 누르며 윌셔 은행의 번영을 기원했다. 나스닥 벨을 누른 것은 지난 2007년 클로징 벨을 누른데 이어 두 번째다.

호사다마라 했던가.

잘 나가던 흑자행진이 2010년 3분기를 기점으로 갑자기 적자로 돌아서기 시작했다. 서브 프라임 사태 이후 어려움을 겪어오던 사업체들이 결국 임대료를 내지 못해 강제 퇴거당하는 경우가 속출하고 빌딩의 공실률이 증가하면서 상업용 부동산 대출이 부실화됐기 때문이다.

윌셔 은행은 다른 은행에 비해 상대적으로 부동산 대출이 많았

---

*30주년 인터뷰 : 126 페이지

기 때문에 타격이 더 컸다. 오랫동안 실적위주의 경쟁으로 인해 대출을 제대로 챙기지 못한 것이 원인이었다. 이에 더해 한 직원이 대출비리 사건에 휘말려 검찰 조사를 받는 등 은행이 갑자기 위기 속으로 빠져 들었다.

연말에 실적을 보니 손실액이 무려 3천만 달러를 넘었다. 눈을 의심할 정도로 처참한 실적이었다. 불과 1년 전까지 흑자행진을 해왔다는 사실이 믿기지 않았다.

설상가상으로 주주들이 직원의 대출비리 연루 사건과 관련, 경영진과 이사진이 관리·감독을 소홀히 해 주주들에게 막대한 금전적 피해를 입혔다며 은행을 상대로 소송을 제기했다. 또한 윌셔 은행이 상장은행인 관계로 연방증권감독위원회(SEC)에서 나와 직원의 대출비리 사건과 관련해 강도 높은 조사를 벌이기도 했다.

악몽의 나날이었다. 그러나 주주들의 소송은 정식 재판으로 가기 전에 법원으로부터 기각됐고 SEC 조사도 무혐의 처리돼 약 2년에 걸쳐 은행을 괴롭혔던 대규모 부실대출 사건에서 완전히 벗어났다.

여러 가지 어려움을 겪는 동안 나는 직원들과 이사들에게 우리 모두 허리띠를 졸라매고 새로운 도전을 위해 힘을 모으자고 호소했다.

연말 보너스도 못 받는 직원들을 생각하며 이사회는 향후 1년 동안 위원회비(Committee Fee)를 받지 않기로 결정했고 나는 이사장비(Chairman Fee)를 50% 깎기로 했다. 결국 조앤 김 행장이 사임하게 됐다.

나라-중앙은행 합병

월셔 은행이 서브 프라임 모기지 사태와 불법대출 사건의 내우외환의 위기를 겪고 있을 때 자산규모 3위의 나라은행과 4위의 중앙은행이 합병을 발표했다.

지난 수 년 동안 한인은행 간의 도토리 키재기 경쟁으로 '이대로는 안된다'며 큰 은행의 청사진을 그리고 있었던 나에게 나라와 중앙의 합병소식은 경쟁을 떠나 신선한 충격으로 다가왔다.

우선 한인은행도 합병할 수 있다는 사실에 놀랐다. 당시 1위 은행이었던 월셔 은행을 중심으로 한미, 나라, 중앙은행이 치열한 경쟁을 해왔는데 경쟁을 내려놓고 합병을 했다는 점, 그리고 합병을 하려면 이사들이 이사라는 기득권을 내려놓아야 하는데 그 기득권을 내려놓았다는 점에 놀라움을 금치 못했다.

두 은행의 합병으로 BBCN이 탄생, 월셔 은행을 제치고 1위 한인은행이 됐다. 나는 당시 한 언론과 가진 인터뷰에서 나라와 중앙은행의 합병에 대한 질문을 받고 다음과 같이 말했다.

"한인은행의 미래를 위해 좋은 일이라 생각한다. 우리끼리 아무리 경쟁을 해도 주류사회에서 볼 때는 도토리 키재기에 불과하다. 남가주 한인은행을 모두 합쳐봤자 자산규모가 200억 달러도 채 안 된다. 한인경제가 성장한 만큼 한인은행의 규모도 커져야 한다고 생각한다"

나라와 중앙의 합병은 한인금융계에 새로운 도전을 주었다. 나는 더 큰 그림을 그리기 시작했다.

공장설립 자금을 은행에 투자
위궤양 걸릴 정도로 고민도

- 윌셔 은행 이사장으로 25년째다. 30주년을 맞는 소감은?

▲은행과 인연을 맺기 전 철강사업을 하면서 한인 기업들을 위해 한인은행이 필요하다는 생각을 하고 있었다. 윌셔 은행 이사들의 권유로 이사에 합류했는데 들어와 보니 상당히 문제가 있었다. 특히 1993년부터 이사장을 맡았는데 은행이 감독국으로부터 조건부영업중단명령(C&D)이라는 강력한 제재를 받고 있었다. 이사장이 되자마자 증자를 해야 했는데 투자할 사람이 없어 내가 공장 설립을 위해 준비해 둔 자금을 은행에 투자했다. 위궤양에 걸릴 정도로 고민이 많았는데 여기까지 왔다. 결국 잘한 선택이 아니었나 싶다.(웃음)

- 이사장이 된 후 눈부신 성장을 해왔다. 그 비결은?

▲첫째로 SBA 특화 상품이 주효했다. 이 상품을 통해 상당한 수익을 냈다. 지난 2001~2007년 6년간 엄청난 속도로 성장했다. 당시 25%를 넘나드는 자본수익률(ROE)로 전국적인 주목을 받았다. 이 기간 3차례의 주식분할과 3차례의 주식배당을 실시했다.

- 나라은행과 중앙은행이 합병하면 1위 자리를 내주게 되는데

▲ 개인적으로는 한인은행 전체에 좋은 일이라 생각한다. 우리끼리 경쟁해봤자 주류사회와 비교할 때 200억 달러도 채 안되는 작은 커뮤니티 은행에 불과하다. 한인경제가 성장하는 만큼 더 큰 한인은행이 나와야 한다. 개인적으로는 1등 은행에 대한 생각이 조금 다르다.

뒤돌아보면 윌셔 은행이 한인은행 중 3-4위를 하고 있었을 때가 가장 좋은 모습을 보였다. 도전의식이 있었기 때문이다.

-은행가에 윌셔 은행이 인수합병에 적극 나설 것이라는 기대가 적지 않은데

▲ 앞으로 체질이 강한 은행과 약한 은행의 차이가 더욱 크게 벌어질 것으로 본다. 준비가 잘 돼 있어야 좋은 기회가 왔을 때 놓치지 않고 잡을 수 있다. 그런 마음으로 준비했기에 미래은행 인수도 성공할 수 있었다. 당분간 자체성장보다 다른 방법으로 성장을 해야 할 것이고, 그런 면에서 착실히 준비를 하겠다는 것이다.

윌셔 은행 30주년의 주역은 열심히 일해 준 직원과 그 가족들 그리고 은행을 믿고 거래해 준 고객들이다. 모두에게 감사한다.

<염승은 기자>

화려한 성장, 전국이 주목하다

팔방미인 유재환 행장

조앤 김 행장의 사임으로 윌셔 은행장이 된 유재환 행장은 서울대 상대를 졸업하고 뱅크 오브 아메리카(BOA) 서울 지점에 입행해 은행가의 길로 들어섰다. 그는 한국과 뱅크 오브 아메리카(BOA)의 합작은행인 한국 코람은행(KO-RAM Bank)의 국제부장과 초대 LA 지점장, 뉴욕지점장을 역임하는 등 주로 해외에서 근무한 흔치않은 미국통 은행가였다.

훤칠한 키에 부리부리한 눈, 서글서글한 성격에 성실한 팔방미인 은행가였다. 그야말로 오로지 실력만으로 LA 한인사회의 은행장을 두루 역임한 실력파였다. 그는 중앙은행장 재임 동안 수년 동안 끌어온 한국수출보험공사와 중앙은행 소송을 깔끔히

마무리해 협상의 달인이라는 별명을 얻기도 했다. 그는 박식한 경제실력과 타고난 달변가로 항상 대화를 주도했다.

내가 그를 만난 것은 2011년 서브 프라임 여파로 인한 부실대출 증가로 은행이 전반적인 영업부진에 허덕이고 있을 때였다. 특히 전년 봄부터 있었던 은행감독국의 정기 감사에서 높은 수위의 제재조치에 해당하는 MOU를 받은 데다 조앤 김 행장이 부실대출의 책임을 지고 사임을 한 터라 은행 분위기가 땅에 떨어져 있었던 시기였다.

은행의 분위기 쇄신을 위한 돌파구를 찾던 중 유재환 행장이 중앙은행장을 사임했다는 소식이 들려왔다. 문득 유재환 행장이 어려움에 처해있는 윌셔 은행의 소방수 역할에 적격이라는 생각이 들었다. 나는 즉시 그와의 만남을 주선했다. 그는 행장으로 오는 몇 가지 조건을 제시했으나 다 수용하고 무조건 출근할 것을 부탁했다.

사실 은행장을 영입한 후 첫 1년간은 은행장을 잘 선임했는지 아닌지에 대해 걱정이 많다. 행장이 직원들과 잘 융합하고 리더십이 있는지, 이사들과 마찰은 없는지, 고객들을 잘 관리하는지, 은행감독국과도 관계가 좋은지 등등 걱정이 많다.

이번에도 나의 예감은 적중했다.

유 행장은 특유의 리더십과 마케팅으로 취임 전 은행감독국으

윌셔 은행은 2015년 창립 35주년을 맞이하여 한국의 인기 탤런트인 차인표 씨를 광고모델로 전속 모델로 계약했다. 차씨는 아동학대 예방 홍보대사와 선행과 기부 활동을 많이 하는 탤런트로 윌셔 은행의 이미지와 잘 맞았다. 사진은 창립 35주년 기념행사.

로 받은 MOU 제재를 1년 만에 해제하더니 취임 1년 만인 2012년 말에 순익이 9,300만 달러를 기록하는 경이적인 실적을 달성했다.

가장 신뢰할 만한 은행

실적이 좋아지자 월 스트릿에서도 다시 주목하기 시작했다.

대형 증권회사인 '모닝 스타'의 저명 투자분석가인 마이클 콘은 "윌셔 은행이 서브 프라임 사태 이전의 높은 수익성을 되찾을 수 있는 최고의 커뮤니티 은행"이라고 소개했다.

경제전문지 '더 스트릿'은 "윌셔 은행이 미 서부지역에 본사

를 둔 은행 중 가장 주가 상승 전망이 높은 4대 은행 중 하나"라
고 보도했다. 월 스트릿 저널지까지 주가 상승이 좋은 은행이라
는 전망을 내놓았다.

또한 미 최고 경제전문지 포브스가 '2014 가장 신뢰할 만한
50대 미국 금융회사'로 윌셔 은행을 선정했다. 포브스는 미국
의 은행과 보험사 8천 개 가운데 각각 25개를 선정해 발표했는
데 한인은행 가운데 유일하게 윌셔 은행이 뽑혔다. 특히 금융 투
명성 부문에서는 100점 만점으로 신뢰도에서 최고 평가를 받았
다. 만점을 받아 선정되면 포브스지가 뉴욕 타임 스퀘어에 있는
나스닥 건물 전광판에 축하 광고를 띄우는데 한동안 윌셔 스테
이트 은행 광고가 떠 화제가 됐다.

포브스는 선정의 신뢰도를 높이기 위해 세계 상장기업들의 실
적에 영향을 미칠 수 있는 환경을 연구 조사하는 'GMI 레이팅'
에 집계를 의뢰해 그 공정성을 높였다고 발표해 더욱 의미가 있
었다. 선정 기업들은 각 분야에서 회계, 리스크 관리, 수입·지출
상환 방식, 부도 위험성 등에서 최고 평가를 받았다. 이 평가는
한인사회는 물론 소수계 커뮤니티로서도 경사였는데 당시 다
른 소수계 은행으로부터 많은 축하를 받았다. 기업의 투명성과
윤리적인 경영을 인정받은 것이어서 개인적으로도 영광이었다.

윌셔 은행은 새로운 성장의 시대에 맞춰 이름과 로고도 바꿨
다. 지난 1995년에 한글 이름만 바꾸고 그대로 두었던 영어 이

윌셔 은행이 UCLA 치대와 손잡고 실시한 무료 치과검진행사는 의료보험이 없어 치과진료를 받지 못하는 이웃들에게 무료 검진과 치료를 해주는 뜻 깊은 커뮤니티 봉사였다. 사진은 UCLA 치대 학생들이 치과봉사를 하고 있는 모습.

름도 공식적으로 스테이트를 빼고 윌셔 은행(Wilshire Bank)으로 바꾸었다. 로고도 다소 복잡했으나 단순하고 현대적이며 역동적인 이미지로 바꿨다.

새한, 아시아나 은행 인수

2013년 뉴저지주의 뱅크 아시아나를 인수한 데 이어 2014년에는 5억4,200만달러 자산규모의 LA 4위의 한인은행 새한은행을 인수했다.

1990년 4월 창립된 새한은행은 한때 자산규모 10억 달러대를 바라볼 정도로 성장했으나 금융위기를 거치며 경영부실 등의 원인으로 급속하게 쇠퇴, 23년 만에 역사 속으로 사라졌다.

뱅크 아시아나의 인수 때는 무려 14개 은행이 인수경쟁에 뛰어들었으며 새한은행 인수전에도 다수의 은행이 참여해 치열한 경쟁을 벌였으나 결국 윌셔 은행이 모두 인수했다. 나는 두 은행의 인수를 위해 발 벗고 나섰는데 한 은행 이사로부터 "같은 가격이라면 윌셔 은행과 하고 싶다"고 말을 듣고 클린 이미지를 위한 윌셔 은행의 노력이 헛되지 않았음을 느꼈다.

인수과정은 험난했다.

특히 새한은행을 인수할 때는 인수조건을 놓고 이사들이 각기 다른 의견을 내놓아 이를 규합하느라 애를 먹었다. 두 은행의 잇단 인수로 윌셔 은행은 총자산이 36억 달러가 돼 미국내 커뮤니티 은행 중에서 상위권 은행으로 올라섰다.

커뮤니티 속으로, UCLA 치대와 함께

UCLA 치대(학장 박노희)와 손잡고 실시한 무료 건강검진 행사는 한인뿐만 아니라 모든 이웃들에게 혜택이 돌아가는 뜻있는 행사였다. 박노희 치대 학장과의 개인적인 친분으로 시작된 이 행사는 윌셔 은행의 여러 가지 커뮤니티 지원행사 중 가장 보람 있었던 행사로 꼽힌다.

박노희 학장은 1998년부터 2016년 6월까지 총 18년간 UCLA 치과대학 학장을 역임한 입지전적인 인물이다. 미국 내 최고의 치과대학인 UCLA의 치과대학장이 된 것도 대단한데 무려 18년 간이나 학장을 역임한 것은 이민 1세 코리안 아메리칸의 한 사람으로서 자랑스러운 쾌거라 할 수 있다.

그는 이 기간 동안 550명의 치과대학생과 레지던트, 300명의 직원을 이끌며 연 9천만 달러에 달하는 예산을 운영하고 교육과 연구, 진료를 총괄해왔다. 그는 UCLA 100년 역사 중 두 번째로 최장 기간 학장을 역임한 사람으로 기록됐다.

윌셔 은행과 UCLA 치대가 함께 진행한 이 행사로 매년 400 여명의 주민들이 무료로 구강 검진과 치료를 받았다. 치과 보험이 없어 이가 아파도 치과에 가지 못하는 저소득층 주민들에게 필요한 뜻 깊은 행사였다. 윌셔 은행은 매년 각 지점을 돌면서 무료 구강검진 및 치료행사를 실시해 주민들로부터 큰 호응을 얻었다.

나누면 더 커진다고 했던가.

커뮤니티와 함께 다양한 행사를 펼쳤던 2013년, 영업실적이 각 부문에서 30%가 증가하는 괄목할 만한 성장을 이룩했다.

나는 지난 40여 년 동안 월드 옥타 행사, 연세대 객원교수 등 공적, 사적 이유로 매년 한두 번 한국을 방문했는데 방문할 때마다 여러 언론과 인터뷰를 했다. 그 중에서도 지난 2008년 미국 서브 프라임 사태와 관련, 월간조선과 한 기획인터뷰가 기억에 남는다. 최근 코로나19 팬데믹 이후 미국경제가 인플레이션과 고용불안 등으로 경기침체의 암울한 전망이 나오고 있다. 경기침체의 구조적 원인은 다르지만 그 해법의 범주는 대동소이할 것으로 생각돼 그때의 인터뷰를 요약해 본다.

<월간조선 2008년 6월호 342p-350p · 김남성 기자>

3-4 년 전부터 경고
- 미국 중앙은행과 경제학자들이 서브프라임 모기지의 과열현상에 대해 왜 그동안 경고를 하지 않았는가.

▲3~4년 전부터 경고가 나오기 시작했다. 앨런 그린스펀 전 FRB 의장이 비판받는 이유가 퇴임 전에 서브 프라임 모기지의 과열에 대해 강력하게 경고하지 않았기 때문이다. 경제의 가장 큰 원칙은 수요·공급의 균형이다. 이것이 깨져 假(가)수요가 생기거나, 과잉 공급이 생기면 문제가 발생한다. 서브 프라임 모기지 사태는 주택의 가수요가 발생해서 일어난 것이다. 몇몇 금융기관들은 이를 미리 감지하고 대비를 잘했지만, 많은 금융기관들은 이를 인지하지 못했다.

윌셔 은행은 몇 해 전부터 이미 주택경기 시장의 가수요가 지나치다는 판단을 내렸다. 우리 은행에 대출을 신청한 고객들의 신용을 조사해 보니, 주택이 여러 채인 고객이 너무 많아 이런 고객들에게는 대출해 주지 않았다. 윌셔 은행은 서브 프라임 모기지론을 하지 않았을 뿐더러, 서브 프라

당시 월간조선에 보도된 인터뷰 기사. 서브 프라임 사태의 원인과 향후 미국 경제 전망에 관한 인터뷰.최근 미국의 인플레이션과 고용불안으로 인한 경기침체 전망에 대한 대응책을 가늠해 볼 수 있다.

임 모기지 채권을 매입하지 않은 덕분에 서브 프라임 모기지 무풍지대가 됐다.

- 서브 프라임 모기지 사태가 일어난 근본 원인이 무엇인가.

▲ 가장 근본 원인은 주택의 수요·공급의 균형이 깨졌기 때문이다. 미국 주택 시장의 수요·공급이 깨진 이유를 알아보려면 1990년으로 거슬러 올라가야 한다. 미국은 1980년대 레이건 행정부 때부터 약 10년간 호황을 누렸다. 그러다 1990년에 들어와서 불황이 온 거다.

클린턴 행정부는 경기가 좋아지지 않자 저소득층에 대한 금융지원 확대를 위해 주택담보대출 규정을 완화했다. 서브 프라임 모기지 사태가 이때 잉태된 것이다. 건설업의 경제파급 효과는 전업종 가운데 가장 크다. 주택이 건설되면서 고용 창출, 원자재 수요 증가, 건설 중장비와 가전제품 수요가 급증한다. 주택 관련 서비스 산업이 호황을 누리면서, 미국 경제는 2000

년 초부터 지난해 초까지 최고의 호황을 누렸다. 하지만 이 호황과 함께, 서브 프라임 모기지 문제가 커지고 있었다.

악순환이 시작된 거다. 미국 소비자들은 대출받은 돈을 가지고 신나게 소비를 했다. 금융기관들은 거품이 생긴 자산을 담보로 채권을 발행해서 돈을 벌었던 것이다. 하지만 실체가 없는 경제가 한 없이 좋을 수는 없다.

경제는 불경기와 호경기가 왔다 갔다 하는 연속 곡선이다. 국제유가와 원자재 가격이 상승하고, 미국의 과소비로 재정적자와 무역적자가 이어지자 경기가 둔화되기 시작했다. 하나가 깨지니까 모든 게 무너져 버렸다

미 금융시스템 한국과 달라
- 서브프라임 모기지론 회사들의 부실은 이해가 가지만, 투자은행(IB)·헤지펀드·보험회사들이 영향을 받은 이유는 무엇인가.

▲미국은 한국의 금융 시스템과 달라서 조금 복잡하다. 모기지 회사들은 소비자들에게 판 모기지 채권을 투자은행에 다시 판매한다. 투자은행들은 모기지 채권을 담보로 주택저당 증권(ABS)을 발행해 헤지펀드·보험회사 등에 되판다.

2007년 이전에는 신용평가기관들이 모기지 채권에 높은 신용등급을 부여했기 때문에 안심한 거다. 그런데 갑자기 모기지론 연체율과 채무 불이행이 높아지자 이 채권들의 가격이 하락한 것이다. 채권을 많이 매입한 헤지펀드·투자은행·보험회사 등이 연쇄적으로 영향을 받게 된 것이다. 베어스 턴스의 헤지펀드 두 곳이 파산해서 미국 정부가 구제금융까지 제공했다.

- 미국 경제가 다시 좋아질 수 있다는 것인가.

▲ 이번 불황은 과거 경제불황과 근본적으로 다르다. 이번 경기 하락 원인은 지금까지 말했던 서브 프라임 모기지 사태로 인한 주택경기 침체 때문이다. 과거의 주택경기 침체는 실업률이 상승하면서, 할부금을 내지 못

해 주택을 포기해서 발생했다. 주택경기 침체보다 실업 문제가 심각했다. 하지만 이번에는 가(假)수요가 꺼지면서, 추가적인 주택 건설이 줄어든 거다. 즉 과거 주택시장은 과열·투기 양상이었다.

과거 실업률 상승은 제조업 분야의 일자리 감소가 원인이었다. 하지만 이번 실업률 증가는 부동산과 금융 두 분야에서만 나타나고 있다. 따라서 경제에 미치는 영향은 제한적이고, 과거보다 적을 수밖에 없다.

- 미국 경제가 'V자형 회복'이 대세였다. 그런데 요즘 보면, 장기 침체를 예측하는 전문가가 많다.

▲ 경제 사이클을 보면, 항상 하향할 때는 급속도지만, 회복할 때는 V자가 힘들다. 아마 '접시형 회복'으로 갈 것이다. 올해 하반기까지 평평하게 가다가 바닥을 치고 올라갈 것이다. 물론 미국 경제 사이클이 직각으로 올라가지는 않더라도, 거시경제는 항상 좋아야 한다. 거시경제는 이성적으로 기업이 운영되고 있으며, 가계 소비가 현재 안정을 찾아가기 때문에 별문제가 없을 것이다. 경기 사이클이 오르고 내리는 것에 너무 신경 쓸 필요는 없다.

- 현재 유가가 상승하고 있고, 각종 원자재 가격이 높아지고 있다. 미국 경제가 여기서 자유롭지 않을 텐데.

▲ 일시적인 파급 효과는 있을 것이다. 하지만 유류가격과 원자재 가격이 전체 GDP에서 차지하는 비율이 크지 않아서 미국 경제 전반에 영향을 미치지 못할 것이다.

제 친구 가운데 한국 대기업 중역이 있다. 그는 'BMW'를 타고 다닌다고 얘기를 한다. BMW는 고급 자동차가 아니라 「Bus, Metro, Walk」에서 따온 말이라고 한다. 이런 합리적인 소비가 늘어야 한다.

4

거대한 합병
뱅크 오브 호프
탄생

나는 내 인생의 두 가지 목표를 세웠다.
하나는 한인은행을 뱅크 오브 아메리카(BOA)와 같은
큰 은행으로 만들어
후세대에 물려주는 것이고
다른 하나는
나의 마지막 명함을 '자선사업가'로 만드는 것이다.

출산의 고통

3가지 다짐

2015년 봄, BBCN 케빈 김 행장과 나는 몇 차례의 만남을 통해 두 은행의 합병에 대한 의지를 교환한 후 가칭 합병추진위원회를 구성했다. 위원은 윌셔 은행측에서 이사장인 나와 변동일 이사, 존 테일러 이사 등 3명, BBCN측에서는 케빈 김 행장, 스캇 황 부이사장, 데이빗 멀론 이사 등 3명, 모두 6명이었다.

나는 협상에 앞서 몇 가지를 지키려고 마음먹었다.

첫째 아무리 좋은 생각이라도 고집을 부리지 말자. 만약 협상이 이루어지지 않을지라도 상대방을 적으로 만들지 말자.

둘째 상대방 협상대표들과 친구가 되자. 그리고 매너를 지키자.

셋째 조급해 하거나 서두르지 말자.

협상을 시작하기 전 이 세 가지만은 꼭 지키겠다고 결심하고 나니 처음 협상에 임할 때 다소 불안했던 마음이 한결 편안해졌다.

나는 학연이나 지연 등으로 얽혀있는 한인은행 이사진의 특수성을 감안할 때 은행 합병이 쉽게 마음대로 이루어지기 힘든 일이라고 생각하고 있었다.

합병추진위원회에서는 제일 먼저 본 인수합병(M&A)의 성격이 BBCN이 윌셔 은행을 인수(Acquisition)하는 것과 두 은행이 동등한 입장에서 합병(Merger of Equal)하는 두 가지 방법 중 어떤 것으로 할 것인가에 대해 논의했다. 논의 결과 동등합병으로 하는 데 큰 어려움없이 합의했다. 가장 민감한 사안이라 다소 이견이 있을 것이라고 예상했는데 쉽게 풀리니 다른 것도 잘 될 것이라는 희망이 생겼다.

사실 BBCN의 합병 협상은 한미은행이 먼저 시작했다. 나는 한미은행과 BBCN이 합병을 추진한다는 사실을 언론보도를 통해 늦게 알았다.

BBCN 이사회내에서 한미은행과의 합병을 반대하는 의견이 있다는 것을 알고, 윌셔 은행도 합병에 관심이 있다는 것을 BBCN 측에 전하고 정식으로 합병 논의를 하고 싶다고 제안했다.

이같은 나의 제안에 한미은행과의 지지부진한 협상에 다소 지쳐 있었던 케빈 김 행장과 일부 이사들이 윌셔 은행과의 합병에 더 큰 관심을 보이기 시작했던 것이다. 내 예상대로 BBCN과 한미은행의 협상은 진전되지 못하고 제자리를 맴돌았다.

나는 이미 한미은행과 수년에 걸쳐 합병을 추진했다가 합병발표를 불과 수시간 앞두고 한미은행측에서 합병을 번복하는 바람에 합병이 무산된 황당한 경험이 있기 때문에 BBCN과 한미은행의 합병은 처음부터 불가능할 것으로 예상하고 있었다.

한미은행과의 협상이 진전되지 않자 윌셔 은행과의 합병을 원하는 BBCN 이사들의 목소리가 더 커졌고 결국 윌셔 은행과 합병을 추진하기로 노선이 급선회하게 됐다. 윌셔 은행은 이사 전원의 일치로 두 은행 간의 합병을 승인해 놓고 BBCN이 결정하기만을 기다리고 있었다.

1대 0.7034주 합의

두 은행은 저명한 투자회사를 고용해 실사와 함께 합병추진위원회에서 합의한 내용을 바탕으로 정식 합병 계약서(Definitive Agreement for Merger)를 위한 세부조항 작성에 들어갔다.

합병의 주요 세부사항은 ▲월셔 은행 주식 1주를 BBCN 주식 0.7034주로 교환한다 ▲이사 수는 BBCN 9명, 윌셔 7명 등 총 16명으로 한다 ▲고석화 윌셔 은행 이사장이 통합은행 이사장, 케빈 김 BBCN 행장이 통합은행 초대 행장을 맡는다 ▲유재환 월셔 은행장은 통합은행 컨설턴트를 맡는다 등이다. 만약 협상을 깨면 깨는 측이 4천만 달러의 위약금을 지불하는 조항도 포함됐다. 자산규모 132억 달러의 거대한 리저널 뱅크의 탄생을 위한 정식 합병계약서 서명이 눈앞으로 다가왔다.

이제 발표만을 남겨 놓았다.

Two Dreams of My Life
(내 인생의 두 가지 꿈)

의미있는 삶이란

합병 소식이 외부에 알려지자 여기저기서 연락이 왔다.

대부분의 사람들이 합병을 반대하거나 염려를 했다. 반대하는 이유는 '지금도 큰 은행인데 뭐가 부족해서 골치 아프게 더 큰 은행을 만들어 고생하려고 하느냐'이다. 어떤 사람은 '최대주주와 이사장직을 왜 포기하느냐'고 말했고 또 어떤 사람은 '합병한다고 다 잘된다는 보장이 없다'며 염려했다.

나는 이미 합병을 하기로 결정한 터라 어떻게 할 수는 없으나 모두가 나를 염려해서 하는 충고라고 생각돼 고마웠다.

나는 무슨 일을 결정할 때는 상당히 심사숙고하는 편이나 한 번 결정을 해 상대방에게 통보를 하면 비록 내가 손해를 보더라도 그 결정을 번복하지 않는다.

오랫동안 비즈니스를 하고 은행에서 일해 오면서 상대방이 먼저 협약을 깨지 않는 한 내가 결정을 해 놓고 먼저 번복한 적은 한 번도 없었다. 나의 합병 결심에 대해 일각에서는 찬성하는 사람도 있었지만 반대가 예상보다 상당히 많았고 거셌다. 가족들은 다소 충격을 받는 듯 했으나 평소에 '큰 은행을 만들어야 한다'는 내 뜻을 얘기한 터라 특별한 말은 없었다.

프랑스의 실존주의 철학자 장폴 사르트르는 '행복한 삶이란 의미 있는 삶'이라고 말했다. 나는 의미 있는 삶이란 분명한 목표를 가지고 그 목표를 향해 나아가는 삶이라고 생각한다. 나는 오래전부터 내 인생의 두 가지 목표를 세웠고 그 목표를 언론 인터뷰와 강연을 통해 여러 차례 밝혀왔다.

첫째는 한인은행을 뱅크 오브 아메리카(BOA)와 같은 큰 은행으로 만들어 후세대에 물려주는 것이고, 둘째는 나의 마지막 명함을 '자선사업가'로 만드는 것이다. 그리고 사람들로부터 오랫동안 배웅을 받을 수 있는 '아름다운 뒷모습'을 만드는 것이었다.

BBCN과의 합병은 이제 내 첫째 목표의 작은 첫 걸음을 시작하는 기회가 온 것이다. 그야말로 양보할 수 없는 나 자신과의 약속을 지키는 것이었다.

나는 당시 윌셔 은행 전체 주식의 7.2%, 565만주를 소유해 최대주주였다. 그러나 합병이 될 경우 주식은 397만주로 지분율이 3.19%로 더 줄어들게 된다. 물론 개인주주로서는 최대 주주였으나 그만큼 지분율이 감소하게 되는 것이다.

그동안 한인은행 간 합병이 수차례 있었지만 일부 은행들이 합병을 추진하다가 성사시키지 못한 것은 여러 가지 원인이 있었지만 가장 큰 원인은 이사들이 기득권을 포기하지 못했던 것이라 할 수 있다.

합병을 하게 되면 주식 지분율이 낮아져 합병 전 대주주가 가졌던 기득권을 내려놓아야 하기 때문에 선뜻 결정을 못하는 것이다.

그래서 특히 대주주인 경우 합병에 대한 명확한 목표와 의지 없이는 쉽게 결정하기 힘들다. 더구나 합병 후에 은행이 잘 된다는 보장도 없는 일이기 때문에 위험부담도 감안해야 한다. 새로운 목표를 원하면서 그 목표 달성에 걸림돌이 되는 기득권을 내려놓지 않는 것은 욕심이며 허구에 불과하다. 비만을 줄인다고 하면서 식욕을 억제하지 못하고 알코올 중독을 치료한다고 하면서 술을 끊지 못하는 것과 같은 이치다.

혁신은 기득권을 포기하는 것

기득권을 포기한다는 것은 사회적 용어로 혁명 또는 혁신이라고 할 수 있다. 산업혁명에서부터 정보 혁명, 인터넷 혁명, 로봇 혁명에 이르기까지 과거를 버리지 않고서는 새로운 것을 창조할 수 없는 것이다.

우리는 혁신을 통해 발전했고 성장했다. 만약 혁신을 통해 우리의 삶이 퇴보했거나 후퇴했다면 혁신을 굳이 시도할 이유가 없다. 나는 혁신과 창조의 첫걸음은 기득권 포기하는 것이라고 생각한다.

즉 개인이든 조직이든 스스로를 바꾸는 것이 먼저다. 혁신하지 않고서는 새로운 것을 만들어 낼 수 없다.

기득권도 스스로 혁신하지 않으면 어느 순간 소멸하고 만다. 어떤 기업이 자신이 개발한 아이템만을 고집하고 개발하거나 혁신하지 않는다면 그 기업은 곧 퇴보하거나 역사 속으로 사라질 것이다. 아마존이 온라인 책 판매에만 고집했다면 어떻게 되었을까. 인수와 합병을 통해 모든 영역으로 사업을 확장했기 때문에 오늘날의 아마존으로 성장했다.

은행도 마찬가지다. 뱅크 오브 아메리카도 끝없는 인수와 합병을 통해 오늘날의 뱅크 오브 아메리카 은행이 됐다. 세상은 강자들이 살아남기 유리한 방향으로 흘러가고 있다. 바로 자본전쟁 때문이다.

자본이 곧 무기이고 힘이다.

나는 합병을 만류하는 지인들에게 이렇게 설명했다.

"은행은 일반 기업과 다르다. 은행은 기업이면서 공익을 추구하는 기관이다. 주식을 얼마나 많이 소유하느냐, 은행내 지위의 높낮이의 문제가 아니다. 후세대를 위해 큰 은행을 설립해야 하고 그것이 우리 세대가 해야 할 의무다" 나는 합병을 결심했고 어쩌면 불확실하고 불투명한 미래에 도전장을 내밀었다.

'무엇을 위해 사는가'를 자문하면서 …

희망의 꽃

지난 세월 갖가지 사연으로 찾은 산타모니카 해변 언덕의 벤치는 언제나처럼 나를 기다리고 있었다.

나는 쓸쓸한 날에도, 또 뜻 깊은 날에도 아내와 함께 태평양 저편 한국과 가장 가까운 이 벤치에 앉아 초승달처럼 휘어진 산타모니카 해변의 야경을 바라보곤 했었다. 이십여 년 전 윌셔은행 이사장이 되자마자 감독국으로부터 증자명령을 받고 증자를 번민했을 때도, 윌셔 은행이 나스닥에 상장하던 뜻 깊었던 날에도 나는 이 벤치에 앉아 있었다.

내일이면 그동안 내가 꿈꾸어 오던 대형은행이 탄생한다. 비록 내셔널 뱅크만큼 크지는 않지만 첫술에 배부를 수는 없다.

은행과 인연을 맺은 지 꼭 30년 만에 100억 달러가 넘는 대형

은행 탄생을 앞두고 나는 또 이 벤치에 앉아 있다.

갖가지 추억에 잠겨있는 동안 저만치 떨어진 곳에서 내가 가장 좋아하는 가곡 '비목'이 들릴 듯 말 듯 귓전을 때렸다. "초연이 쓸고 간 깊은 계곡 깊은 계곡 양지 녘에…" 저 사람은 어떤 사연으로 이곳을 찾아 그리운 가곡을 듣고 있을까.

비목은 고등학교 시절, 둘째 형님과 방 아랫목에 작은 책상을 나란히 맞대어 놓고 공부를 하다가 피곤할 때면 뒤로 벌렁 누워 목소리 높여 같이 불렀던 추억의 가곡이다.

대학생 때는 한일협정 반대 데모를 하다가 경찰에 쫓겨 친구 하숙방에 숨어들어 이불을 뒤집어쓰고 고래고래 소리를 지르며 부르던 잊을 수 없는 가곡이다.

나는 지금도 혼자 있을 때 비목을 흥얼거리곤 한다. 얼마나 지났을까. 지난 날의 회상에 잠겨 있는 동안 또 하나의 가곡이 흘러나왔다.

조영식 작시·김동진 작곡의 목련화였다. "오 내 사랑 목련화야/그대 내 사랑 목련화야 … 오늘도 내일도 영원히/나 아름답게 살아가리라"

이 순간 하느님이 나를 위해서 마련하신 연극 같은 시간임을 느꼈다, 오늘은 5년 전부터 숨죽이며 추진했던 윌셔-BBCN 은행의 합병을 발표하기 전 날이다. 희망이 벅차오른다

희망의 꽃

도도히 굽이쳐온 한인 이민사
그 역사의 궤적위에
한 조각 새하얀 벽돌을 놓는다

소망일까 신념일까
나 자신과 씨름해온 30년 세월
쌓았다가 허물고 허물었다가 다시 쌓으며
작은 둥지를 튼다

뱅크 오브 호프(Bank of Hope)
희망의 꽃

그 꽃을 피우기 위해
온 몸을 불사르고
질풍노도의 강을 건너며
불꽃처럼 삶을 태웠다

안데스 산자락의
'알파카'(Alpaka)처럼 순수했고
바위 속에 피어난
들꽃처럼 홀로였던 시간들

만리부 깊은 적막 속에 영영 파묻고
활처럼 휘어진 해변의 빛을 따라
벤치를 뜬다

그대의 손을 꼬옥 잡고서 …

해변의 불빛들이 하나둘씩 저물며 밤이 깊어갔다.
한인은행사의 한 페이지를 장식한 뱅크 오브 호프 은행 탄생
이브에 나는 그렇게 하얀 밤을 보냈다.

역사적인 순간

합병 서명식

2016년 7월29일 오전 10시. LA 한인타운 옥스퍼드 호텔.

나와 케빈 김 행장은 두 은행의 이사와 직원, 주주, 그리고 수많은 기자들이 지켜보는 가운데 최대의 한인은행이 탄생하는 역사적인 합병서에 서명했다. 자산규모 132억 달러로 LA 6위 은행, 캘리포니아주 내에서 11위, 미 전국 8,000여 개의 은행 중에 82위에 랭크되는 거대한 리저널 뱅크*가 탄생했다.

서명을 마치고 김 행장과 악수를 하는 순간, 기대와 희망, 아쉬

---

* 리저널 뱅크 : 자산이 100억–1,000억 달러로 여러 주에 영업망을 갖고 있는 은행. 100억 달러 미만은 커뮤니티 뱅크, 1,000억 달러이상이면 내셔널 뱅크로 불린다.

BBCN과 윌셔 은행 합병서에 서명한 후 포즈를 취하고 있다. 미국내 5천여 개 은행 중 100대 은행에 드는 한인은행이 탄생하는 순간이다.

움과 두려움, 만감이 교차했다.

나는 인사말을 통해 "미주 한인 이민사에 새로운 큰 획을 긋게 됐다. 뱅크 오브 호프의 이름으로 펼쳐나갈 미래에 대한 희망으로 가슴이 벅차다. 우리의 뿌리인 한인 커뮤니티를 절대 잊지 않겠다. 고객과 직원, 커뮤니티와 주주 모두에게 많은 혜택을 선사할 것을 확신한다. 한인경제가 세계로 뻗어나가는 디딤돌 역할을 다하겠다"고 말했다.

케빈 김 행장도 "각각의 여정이 끝나고 더 강하고 크고 경쟁력 있는 여정이 시작됐다. 고객이 안심하고 거래할 수 있는 안정적이고 역동적인 은행을 만들겠다"고 말했다.

우리는 새로 탄생한 은행의 로고도 공개했다. 뱅크 오브 호프 (Hope)의 이니셜 'H' 문양이 엿보이며 휘날리는 깃발을 형상화한 것으로 태극기의 4괘를 연상시키며 좌에서 우로 상승하는 이미지를 그렸다. 또한 블루-그린, 그린, 그린-옐로우로 변하는 색상을 적용해 자부심과 꿈과 희망을 담았다.

기자회견

수십 개의 마이크와 카메라가 진을 쳤고 기자들의 질문이 쏟아졌다. 다음은 현장에서 있었던 기자회견 요약이다.

- 그동안 수많은 합병시도가 있었으나 실패했다. 이번 윌셔-BBCN 합병이 성공한 이유는 어디에 있다고 생각하나.

▲4가지의 열쇠가 있다. 그것은 두 은행 모두 변화에 대한 의지, 합병에 대한 열린 마음, 신기술을 포용하는 자세, 디지털 다채널 플랫폼 확보가 필요하다고 생각했기 때문이다.개방적이고 변화의 의지가 있는 만큼 뱅크 오브 호프의 성공은 계속될 것이다.

- 윌셔 은행 대주주로서 합병이후에는 주식 지분이 크게 줄어드는데도 불구하고 합병을 추진한 이유는.

▲ 미국 2대 은행인 뱅크 오브 아메리카(BOA)는 이탈리아계 이민 2세가 세운 작은 커뮤니티 은행에 불과했다. 그 은행은 처음에 샌프란시스코 대지진으로 대출금을 회수하지 못해 경영에 어려움을 겪

수많은 취재진이 몰려들어 두 은행 합병에 대한 관심을 표명했다. 나는 "미 주류 대형은행과 어깨를 나란히 할 수 있는 한인은행을 만들어 후세들에게 물려주어야 한다"며 합병 배경을 설명했다.

기도 했다.

그러나 고객으로 부터 신뢰를 받아 다시 일어섰고 은행 설립 24년 만에 LA에 있는 뱅크 오브 아메리카와 합병, 오늘날 뱅크 오브 아메리카로 다시 탄생됐다. 유니온 뱅크의 뿌리도 45년 전 뱅크 오브 도쿄와 미쓰비시 은행이 합병한데 있다. 우리도 미 주류 은행과 어깨를 나란히 할 수 있는 대형은행을 키워야 하고 그것이 은행가로서의 내 목표였다.

- 합병을 추진하는 동안 걸림돌은 없었나.

▲걸림돌이 없는 것은 아니었다. 그러나 두 은행의 대다수 이사들이 합병의지를 보여 걸림돌을 극복할 수 있었다.

- 앞으로의 계획은

▲후세대들이 자랑스럽게 이용할 수 있는 은행이 되도록 하겠다. 또한 한인뿐만 아니라 미 주류 고객들도 편리하게 이용하는 은행이 되도록 노력할 것이다.

그 다음날 아침 한국일보, 중앙일보, 라디오 코리아 등 주요 한인언론들은 뱅크 오브 호프 출범 소식을 1면 머리기사로 사진과 함께 대대적으로 보도했다.

한국일보는 '뱅크 오브 호프 문 열다'라는 기사와 함께 나와 케빈 김 행장이 합병합의서에 서명 후 악수하는 사진을 로컬 1면 톱기사로 보도했다. 중앙일보도 경제 1면에 이사들이 축하건배를 하는 사진과 함께 '희망을 드립니다. 뱅크 오브 호프 공식 출범'을 보도했다.

금융계의 국제신사 케빈 김 행장

2015년 어느 날 LA 다운타운 캘리포니아 클럽.

나는 BBCN 케빈 김 행장이 중앙은행 이사를 지내고, BBCN 행장을 하는 동안 외부 행사에서 한두 번 만나 수인사를 한 적은 있으나 단 둘이 만나는 것은 이날이 처음이었다. 그는 한국외국어대학교를 졸업하고 도미, 명문 UCLA와 로욜라 법대를 졸업해 변호사가 되고 CPA 자격까지 획득한 실력있는 젊은 은행가였다.

나는 몇 가지 정리할 것도 있고 해서 약속시간보다 다소 일찍 약속 장소인 캘리포니아 클럽으로 갔다. 약속시간이 되자 나보다 머리하나 정도는 더 커 보이는 반백의 중년신사가 성큼성큼 다가오더니 '케빈 김 행장입니다' 하고 허리 굽혀 인사했다.

굵은 검정색 뿔테안경이 히끗히끗한 머리카락과 잘 어울린다는 생각을 하는 순간, 옅은 미소와 함께 '오래전부터 만나고 싶었습니다'며 말하는 온화하고 중후한 그의 모습에 나는 정신이 나갈 정도로 반해버렸다. 세련된 매너에 유창한 영어, 변호사와 CPA, 은행가를 겸한 그에게 나는 감히 금융계의 국제신사라고 말하고 싶다. 나는 사실 그를 만나는 순간부터 그에게 믿음이 갔다고 고백한다.

"이런 사람이면 모든 것을 털어 놓을 수 있겠구나. 드디어 통하는 사람을 만났구나" 하고 생각했다. 우리는 오래전부터 만나온 친구처럼 은행 일과 개인적인 일까지 털어 놓으며 시간 가는 줄 모르고 대화를 나누었다.

나는 은행에 대한 나의 목표를 가감없이 말했고 그는 나의 플랜에 대해 전적으로 동감을 표시했다. 김 행장과 나는 도토리 키재기식의 한인은행 경쟁의 한계, 눈앞에 펼쳐진 디지털 금융의 도래. 한인 2세들과 주류 고객 확보를 위한 은행구조의 변화 등 한인은행의 당면과제들과 나아갈 길에 대해 많은 이야기들을 나누었고 뜻을 같이했다.

나는 수년 동안 고생하며 진행했던 한미은행과의 합병추진이 합병 발표 몇 시간 전에 합병 불가 통보를 받고 어이없어 했던 일도 까마득하게 잊은 채 오직 케빈 김 행장을 신뢰하고 은행의 1급 대외비라고 할 수 있는 윌셔 은행의 합병의지를 털어 놓았다.

한인은행의 새로운 역사가 태동하는 순간이었다.

자랑스런 그대, 뱅크 오브 호프 가족들이여

놀라운 성적표

합병한 지 불과 5년여 밖에 안된 짧은 기간에 뱅크 오브 호프 가족들이 이루어낸 실적은 가히 놀랄 만하다. 합병 당시 134억 달러였던 자산이 178억 달러(2021년 6월30일 현재)로 무려 33%가 성장했다.

이같은 실적은 나의 상상을 뛰어 넘은 것으로 더구나 세계 경제가 완전히 멈추어 버린 유례없는 코비드19 팬데믹 사태 속에서 이루어 낸 결과라 더욱 충격적이다. 아낌없는 격려의 박수를 보낸다.

뱅크 오브 호프 가족들이 만들어낸 성적표를 살펴보면 ▲미국 내 아시안계 은행 중 3위 ▲LA에 본사를 둔 미국 전체 은행 중 6위 ▲미국내 전체 금융 기관 중 98위 ▲미국 내 SBA 대출 22

위 은행 등이다.

미주 최대 한인은행이라는 타이틀은 이제 어제의 수식어가 돼버렸다. 감독국 자료에 따르면 2020년 말 기준 미국내 모든 한인은행을 합한 자산이 338억 달러인데 이중 뱅크 오브 호프가 절반이 넘는 51%를 차지했다. 즉 2위 은행인 한미은행을 비롯해 10개의 한인은행의 자산을 다 합친 것보다 많았다.

대출규모도 모든 한인은행 대출을 다 합친 금액인 267억 달러인데 이중 51%를 차지했으며 예금도 전체 284억9천만 달러 중 50%가 뱅크 오브 호프가 차지했다. 한인은행으로서는 독보적인 위치라 할 수 있다. 이같은 추세라면 미국내 아시안계 2위 은행인 자산 192억 달러의 케세이 뱅크(Cathay bank)를 제칠 날도 멀지 않은 것 같다.

현재 미국내 아시안계 1위 은행은 중국계 은행인 이스트 웨스트 뱅크로 자산이 494억 달러에 달하며 미국내 50위에 랭크돼 있다.

뱅크 오브 호프의 좋은 실적은 5년 전 합병 당시 두 은행의 문화적 차이와 일부 지점 축소에 따라 불가피하게 나타날 수밖에 없었던 파장을 극복하고 이룩한 것이어서 더욱 뜻 깊었다. 케빈 김 행장을 비롯한 1,500여 임직원들이 팀웍으로 뭉친 결과라 생각한다. 고객과 주주, 커뮤니티의 기대에 보답이다

더구나 자산 100억 달러 이상의 은행에 적용되는 리저널 뱅크

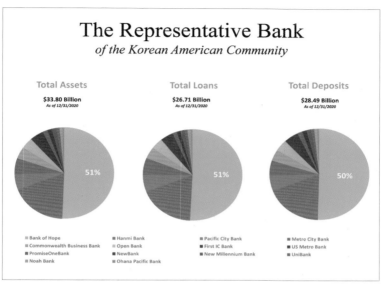

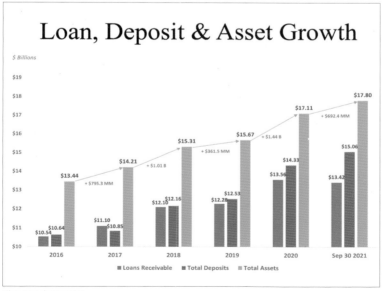

뱅크 오브 호프 그래프.

의 까다로운 규정과 감사, 리저널 뱅크에 맞는 대출 그리고 거대한 인사관리에 이르기까지 처음 경험하는 대형 은행의 업무를 처리하느라 모든 임직원들이 하루 25시간이라도 모자랄 정도로 땀을 흘렸으리라 믿는다.

그리고 까다로운 월 스트리트 투자가들을 상대로 한 투자 설명회를 통해 뱅크 오브 호프의 위상을 굳건하게 심어준 케빈 김 행장, 미 전국에 퍼져있는 지역본부와 지점에 근무하는 뱅크 오브 호프 가족 모두에게도 격려의 박수를 보낸다.

소리없는 큰 울림

나는 뱅크 오브 호프가 짧은 기간에 높은 성과를 거둔 것은 빛도 없이 소리도 없이 뒤에서 밀어주고 앞에서 끌어 준 케빈 김 이사회 회장을 비롯한 12명 이사들의 지원과 격려 없이는 해낼 수 없었을 것이라고 생각한다.

이사회를 이끌고 있는 케빈 김 이사회장은 조직관리의 달인인 것 같다. 180억 달러 규모의 리저널 뱅크 이사회 회장으로서 풍기는 포스와 디지털 시대에 걸맞는 회의 진행은 대형 내셔널 뱅크 이사회를 방불케 한다. 그는 이사들로 하여금 자긍심과 책임감을 동시에 이끌어내는 리더십을 발휘하고 있다.

스캇 황 이사(Lead Independent Director)는 해박한 지식으로 무장된 날카로운 혜안과 전 직원들에게 큰형님 같은 자상함으로 내가 언제나 존경하는 동료 이사다.

그리고 오랫동안 이사회의 대출위원회 위원장(Loan Committee Chairman)으로 수고하면서 은행 대출관리 수문장을 맡고 있는 도널드 변 이사, CPA 겸 변호사로 뱅크 오브 호프 1,500여 직원들의 인사관리에 대해 조언을 아끼지 않는 데일 줄스(Dale Zuehls) 이사, 오랜 은행 경영 경험과 뱅크 오브 호프의 최고운영책임자로 일해 오는 동안의 노하우를 과감없이 나누며 수고한 데이빗 말론 이사에게도 동료이사로서 존경과 자긍심을 같이 나눈다. 또한 두진호 이사는 컴퓨터 같은 정확한 숫자 개념으로 언제나 나를 놀라게 하고 있으며 2세 변호사인 데이지 하 이사는 법률적 자문과 함께 하루가 다르게 변해가는 첨단시대의 이코 트렌드(Eco Trend)를 나누고 있다.

그리고 이스트 웨스트 은행(East West Bank)에서 오랜 CCO 경험으로 이사회 리스크 관리 위원장(Risk Management Chairman)을 맡고 있는 빌 루이스(William Lewis) 이사, KPMG 파트너 출신으로 은행 자산관리 전문가의 실력을 유감없이 발휘하고 있는 김준경 이사는 뱅크 오브 호프 이사회를 빛내는 보석 같은 이사들이다.

올해 이사로 합류한 사이버 시큐리티 및 데이터 관리 전문가 미미 딕펜(Mimi Thigpen) 이사와 오랫동안 뱅크 오브 호프 직원들과 동고동락했던 리사 배 이사도 뱅크 오브 호프 이사로서의 긍

2016년 8월24일 뱅크 오브 호프의 성공적인 합병을 기원하는 '나스닥 오프닝 벨 타종행사가 은행관
계자들이 참석한 가운데 열렸다. 뱅크 오브 호프 주식은 티커 네임 'HOPE' 나스닥에서 거래되고 있다.

지를 같이하며 거침없는 활동을 기대하고 있다. 각 이사들의 전
문성과 리더십이 은행발전에 크게 기여할 것으로 확신한다. 뱅
크 오브 호프의 탄생의 한 주역으로서, 개인 최대주주이자 은행
이사의 한 사람으로서 뱅크 오브 호프의 어제와 오늘은 내 삶의
전부이며, 뱅크 오브 호프의 내일은 내 삶의 희망이다.

　나는 개인적인 은행 일을 보기위해 가까운 뱅크 오브 호프 지
점을 자주 들리는데 그럴 때마다 생기 있고 자신감 넘치는 직원
들을 본다. 직원들의 밝은 모습은 뱅크 오브 호프의 희망찬 미
래를 던져준다.

　뱅크 오브 호프의 더 밝은 미래가 기다려진다.

Bank of Hope Founders Cup

　2017년 뱅크 오브 호프가 탄생한지 1년 만에 개최한 'Bank of Hope Founders Cup'은 뱅크 오브 호프가 전국에 이름을 알린 첫 전국 규모의 행사였다.

　2011년부터 시작한 LPGA 파운더스 컵(Founders Cup)은 지난 1950년 LPGA 창립멤버인 Alice Bauer, Patty Berg, Bettye Danoff, Helen Dettweiler, Marlene Hagge, Helen Hicks, Opal Hill, Betty Jameson, Sally Sessions, Marilynn Smith, Shirley Spork, Louise Suggs, and Babe Zaharias 등 13명을 기리기 위해 만든 대회로 LPGA 중에서도 권위 있는 대회로 통한다.

　2011년 파운더스 컵을 처음 시작할 때는 100만 달러의 토너

뱅크 오브 호프가 후원하는 소녀골프 꿈나무 육성 프로그램인 걸스 클럽(Girl's Club) 대회가 열린다. 꿈나무들의 표정이 아름답다.

먼트 상금 중 절반은 자선 단체에 기부하고 나머지 절반을 상위 10위 안에 든 선수들이 개별적으로 본인이 원하는 자선단체를 선택해 기부했다. 그러나 2012년부터는 토너먼트 상금도 150만 달러로 올리고 선수들에게 상금을 지급하는 형태로 바뀌었다.

뱅크 오브 호프는 LPGA와 대회명칭을 'Bank of Hope 파운더스 컵'이라고 하고 2017년부터 향후 3년간 타이틀 스폰서로 참여하기로 계약을 맺었다.

첫 대회는 2017년 3월16일 애리조나주 피닉스 와일드 파이어 골프 클럽(파 72·6,666 야드)에서 열렸다. 첫 대회 우승은 4일 동안 25언더파를 친 스웨덴의 애나 놀드퀴스트(Anna Nordqvst) 선수에 돌아가 22만5천 달러의 우승상금을 받았다.

놀드쿼스트 선수는 이 대회 3라운드에서 무려 11언더를 몰아쳐 LPGA 역사상 1라운드 최저타 기록을 세우기도 했다. 두 번째 대회부터 한인들의 활약이 돋보였다.

2018년에는 박인비 선수, 2019년에는 고진영 선수가 우승을 차지해 한인은행인 뱅크 오브 호프가 타이틀 스폰서로 참여한 의미를 더했다. 뱅크 오브 호프는 이 대회에서 소녀골퍼 육성 프로그램인 걸스 클럽(Girl's Club)에 100만 달러를 기부해 미 주류사회로부터 주목을 받았다.

나는 LPGA 공식대회인 뱅크 오브 호프 파운더스 컵 대회가 열리기 전에 이 대회에 참가하는 프로 선수들과 대회에 초청된 아마추어 선수들이 같이 라운드하는 프로앰(Pro = Am) 대회에서 박인비, 전인지, 리디아 고, 고진영 등 세계적인 선수들과 같이 라운드를 하는 행운을 가졌다.

박인비 선수는 세계 최고 선수답게 여유가 넘쳤고 예의도 발랐다. TV에서 봐 왔던 것과 달리 심각하지도 않았고 무엇을 물으면 미소와 함께 자세히 답해 주었다. 그는 프로앰 라운드인데도 플레이할 때는 예리한 눈빛으로 실제 대회처럼 한 샷 한 샷에 정성을 다하는 것을 보고 놀랐다. 특히 퍼팅을 할 때는 퍼팅 거리를 체크하고 앞뒤에서 라이를 보면서 실전과 같이 플레이 하는 모습이 인상적이었다.

전인지 선수는 미소의 여왕처럼 언제나 웃음을 잃지 않았다. 샷을 할 때도 여유가 있어 보였다.

경기를 할 때 부담감이 있지 않느냐는 질문에 실제 경기에서는 무거운 압박감을 느낄 때도 있으나 스스로 압박감을 극복해 간다고 말해 슈퍼스타다운 자기관리의 모습을 보였다.

리디아 고 선수는 아이언 샷의 여왕답게 100야드 전후에서 거의 홀 2야드 안에 갖다 붙이는 정교한 샷을 보여 주었다. 고 선수는 또 퍼팅하는 방법과 공이 가는 길을 가르쳐 주는가 하면 동반자의 샷이 끝날 때까지 움직이지 않는 예의를 지켰다.

고진영 선수는 2019년 Bank of Hope 파운더스 대회에서 극적인 역전 우승을 시작으로 ANA 인스퍼레이션에서 우승해 생애 첫 메이저 타이틀을 거머쥔 데 이어 에이비앙 챔피언십에서도 우승, 한 해에 2개의 메이저 타이틀을 차지하는 기염을 통했다. 고 선수는 세계 1위의 자리에 올라섰으며 2019 올해의 선수로 선정됐다.

모든 선수들이 실력도 최고지만 매너도 일류였다.

5

나의 꿈
나의 희망

많은 사람들이 나에게 돈의 철학에 대해 묻는다.
나는 돈은 살아가는 수단이며
함께 더불어 사는 도구이지
목적이 되서는 안 된다고 말한다.
돈이 삶의 목적이 되는 순간
그 사람은 돈의 노예로 전락하게 된다.

고선재단(高善財團)
(Koh Charitable Foundation)

돈의 철학

"돈은 삶의 수단이지 목적이 아니다"

많은 사람들이 나에게 돈의 철학에 대해 묻는다. 나는 돈은 살아가는 수단이며 함께 더불어 사는 도구이지 목적이 되어서는 안된다고 말한다. 돈이 삶의 목적이 되는 순간 그 사람은 돈의 노예로 전락하게 되고 불행의 길로 들어서게 된다.

나는 어릴 때부터 어머니로부터 '과욕하지 마라. 적게 먹고 적게 배설하며 남을 돕는 사람이 되어라'는 말을 듣고 자랐다.

사실 '과욕하지 않는 것'만큼 어려운 일도 없다. 사람의 욕심은 끝이 없기 때문이다.

그렇다면 어디까지가 욕심일까.

나는 욕심의 기준을 '돈을 바르게 버느냐'로 보고 있다. 누군
가 돈을 바르게 벌고 바르게 쓴다면 그 사람이 아무리 돈을 많이
번다고 하더라고 욕심이 아니다. 그러나 탈세를 하고 부정하게
돈을 번다면 그 사람은 욕심의 선을 넘어 과욕의 영역에 들어 간
것이다. 나는 현존하는 최고의 투자가 워런 버핏(Warren Buffet)
을 나의 멘토로 삼고 있다. 이유는 바로 그는 '돈을 바르게 벌고
바르게 쓰기' 때문이다.

고선재단

'남을 돕는 사람이 되어라'는 어머님의 한결같은 말씀으로 나
는 어릴 때부터 나의 마지막 명함은 자선 사업가 또는 자선재단
이사장이 될 것이라고 스스로 약속했다. 그 약속을 실천하기 위
해 지난 2004년에 사비 500만 달러를 출연, 고선재단(高善財團)을
설립했다. 고선은 '최고의 선(善)'을 뜻한다.

고선재단은 신체적으로 불편해 사회로부터 소외된 사람, 가
정형편이 어려워 공부를 계속하지 못하는 학생, 의료혜택을 제
대로 받지 못하는 저소득층을 위한 의료 지원 등에 중점을 두
고 있다.

이 고선재단을 통해 LA일원 20여 비영리단체에 매년 15만여
달러를 지원하고 있다. 올해까지 지난 17년간 한해도 빠짐없이
지원했으며 지금까지 지원한 총액수는 250만여 달러에 달한다.

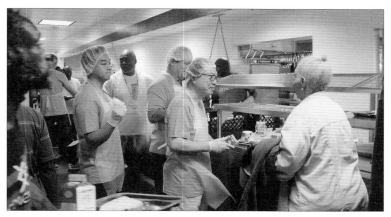
나는 1년에 몇 차례씩 비영리기관을 찾아 기금을 전달하고 자원봉사자들과 함께 봉사활동을 하고 있다.

2006년에는 모교인 연세대학교에 100만 달러를 기부해 가정 형편이 어려워 학업을 계속할 수 없는 학생들을 돕기 위해 고선장학기금을 설립했다.

대학당국은 매년 성적이 우수하고 가정형편이 어려운 학생 8명에서 10명을 선발해 고선장학기금으로 등록금 전액을 지원하고 있다. 이 장학금을 받은 졸업생이 지금은 100여 명에 달해 세계 곳곳에서 인류와 국가를 위해 봉사하고 있다.

연세대 장학기금은 당시 내가 한국을 방문하던 중 정창영 총장으로부터 학생들이 등록금 인상 반대 데모를 벌이고 있어 총장실에 들어가지 못하고 경영대학원장실에 피신해 있다는 안타까운 얘기를 듣고 기부를 결정했다. 등록금이 없어 공부하지 못하는 학생이 있어서는 안 된다고 생각했다. 더구나 나도 대학시절 장학금을 받고 학업을 계속할 수 있었던 생각이 떠올랐다.

재단을 설립하자 많은 언론에서 인터뷰를 요청해 왔다. 나는 재단을 설립한 배경에 대해 이렇게 말했다.

– 남과 함께 더불어 살아가는 삶을 실천하고 후세들에게도 나누는 삶을 가르쳐주고 싶었다. 자선은 도움이 아닌 나눔이다. 자선이 도움이 될 때는 아무리 그 목적이 순수하다고 해도 자선을 베푸는 당사자가 우월한 입장에 서게 되고 자선을 받는 사람은 약자가 될 수밖에 없다. 기부나 재단 운영의 철학은 개인이나 기업에 따라 다르겠지만 나는 자신의 마음과 인생을 나누는 것이라고 생각한다.

이것이 내 인생의 가치관이다.

세상에는 가진 사람과 가지지 못한 사람이 있고 배운 사람과 배우지 못한 사람이 있다. 우리는 위치와 환경을 구분하지 말고 더불어 살아야 한다. 하늘을 나는 새가 양쪽 날개를 동시에 같이 움직여야 하늘을 날 수 있는 것과 같은 이치다. 만약 새가 한쪽 날개는 위로, 한쪽 날개는 땅으로 움직인다면 균형을 잃고 추락하고 말 것이다. 사람도 더불어 살지 않으면 추락하는 인생이 될 것이다.

나는 사랑은 통계학이 아니라는 데레사 수녀님의 봉사정신을 항상 가슴에 새기고 생활하고 있다. 많은 사람들이 나눔은 부자들만이 하는 것으로 생각하는데 그렇지 않다. 나눔은 하나를 둘 이상의 부분으로 분리하는 것이기 때문에 크고 작음과는 관계가 없다. 나눔에 사랑이라는 마음을 함께하는 것이 중요하다. 사랑이 없는 큰 나눔보다 사랑이 함께하는 작은 나눔이 더 숭고하다.

도움이 필요한 이웃들과 나누는 것은 사회의 한 일원으로서 마땅히 해야 할 도리다. 나의 마지막 명함에는 성공한 사업가가 아닌 불우한 이웃을 돕는 자선사업가로 남고 싶다. –

나누고 싶은 이야기

매년 연말이면 연세대학교 고선장학금을 받은 학생들과 LA의 고선재단 지원금을 받은 단체들이 보낸 아름다운 사연들을 수십 통씩 받는다. 꿈나무들의 감동 스토리들을 함께 나눈다.

– 등록금 마련을 위해 하루도 쉬지 않고 아르바이트를 했습니다. 그래도 900만원이 되는 등록금이 부족해 한 학기를 휴학하려고 했습니다. 그런데 회장님의 장학금으로 중단 없이 학교를 다니게 됐습니다. 부모님들이 제가 대학교에 합격할 때보다 더 기뻐하시며 눈물을 흘리셨습니다. 열심히 공부해서 불쌍한 사람들을 돕는 훌륭한 의사가 되겠습니다.   〈연세대 20학번〉

- 올해도 회장님께서 주신 장학금으로 2학기 등록을 마쳤습니다. 공부를 중단하지 않고 계속 할 수 있도록 해 주신 분이 궁금해 인터넷을 통해 찾아보았습니다. 시들 뻔 했던 저의 꿈이 다시 살아난 기분입니다. 꼭 회장님과 같은 훌륭한 사람이 되어서 남을 돕는 사람이 되겠습니다.　　　　　　　〈연세대 19학번〉

- Hello. Chairman Koh.

We sincerely thank you for your continued support. Your support has enabled our organization to do something meaningful. We will continue to provide a good program that meets your expectations.

〈A nonprofit organization〉

| 고선재단 수혜기관 명단 |

(The list of recipients from the KOH CHARITABLE FOUNDATION, in no particular order)

- United Way
- Cedars Sinai Hospital
- Shalom Disability Ministry
- Making the Right Connection
- People Concern
- UCLA Mattel Children's Hospital
- UCLA Foundation
- Midnight Mission
- USC Neighborhood Academic Initiative
- Hope Sight Mission
- Milal Mission in Southern California
- Center for Pacific Asian Family
- Faith and Community Empowerment (FACE), formally KCCD
- Children's Hospital Los Angeles
- Apex for Youth
- Jurupa Fighterfighter's Adopt a Family
- Epilepsy Foundation Los Angeles
- College View School for Special Needs Children
- Independent School Alliance for Minority Affairs
- North Valley Community Foundation for Camp Fire Relief
- Orangewood Foundation
- KCBC America - Blankets to Homeless Program

- Paws with a Cause - Service dogs for people with special needs
- Worldwide Orphans (wwo.org)
- Korean American Special Education Center (KASEC)
- Koreatown Senior & Community Center
- Homeboy Industries
- Shalom Life Line
- Vision To Learn - Eyeglass for students
- FIAT Foundation
- Korean Disability Association of Southern California
- United Board for Christian Higher Education in Asia (Yonsei Scholarship)

시더스 사이나이 병원 이사

가깝고도 먼 병원

나는 세계적으로 유명한 시더스 사이나이 병원(Cedars-Sinai Medical Center)과의 인연을 소중히 생각한다.

지난 2015년부터 시더스 사이나이 병원그룹의 이사로, 지금은 스티븐 스필버그, 바바라 스트라이샌드 등 각계 저명인사들과 함께 평생 자문이사(Life Trustee)로 봉사하고 있다.

나는 시더스 사이나이 병원의 이사로 있으면서 그들의 히포크라테스 선서(Hippocratic Oath)에 입각한 투철한 의료정신을 배웠으며 한인들이 최첨단 시설의 시더스 사이나이 병원을 이용할 수 있도록 노력했다.

시더스 사이나이 병원은 미국뿐만 아니라 세계에서도 명성있는 병원이다. 이같은 병원이 한인타운과 가까이 있는데도 불구하고 이 병원은 부자들과 할리웃 스타들만이 이용하는 병원으로 인식돼 한인들은 거의 이용하지 않는 이른바 '가깝고도 너무나 먼 병원'이었다.

나는 시더스 사이나이 병원 이사회에서 "시더스 사이나이 병원은 한인타운과 불과 3.5마일 거리에 있다. 그러나 한인들은 시더스 사이나이 병원이 35마일이나 멀리 떨어진 병원으로 느끼고 있다"며 시더스 사이나이 병원이 보다 적극적으로 한인사회에 다가가 줄 것을 권유했다.

이사들은 나의 제안에 전적으로 공감했고 성공한 이민사회로 자리매김한 한인커뮤니티와의 관계를 개선하겠다고 약속했다. 이후 시더스 사이나이 병원은 한인사회를 찾아 부인암 예방 캠페인을 벌이기도 하고 한인 환자를 유치하기 위해 한인언론에 시더스 사이나이 병원을 홍보하기도 했다.

나는 시더스 사이나이 병원의 이사로 있는 동안 수술이 급한 환자, 수술할 병원을 찾지 못해 어려움을 겪는 한인 환자들에게 병원을 연결해 주었다. 악성 뇌종양 진단을 받고 성공적인 뇌수술로 생명을 되찾은 네바다주의 한 한인 이야기와 전립선암으로 평생 배뇨주머니를 차고 다녀야 할 운명에 처했던 한 젊은이를 개복수술 없이 치료해 정상 활동을 할 수 있게 했던 것들은 이사로 활동하면서 가졌던 가장 큰 보람중의 하나다.

이들은 "시더스 사이나이 병원이 아니었다면 불가능했을 것"이라고 감사해 했다.

미국내 6위 병원

시더스 사이나이 병원은 1902년 12개의 병실로 처음 문을 연이래 오늘날 LA를 비롯한 전국 40개 지역에서 매년 100만 명이 넘는 환자를 진료하는 미국 최고의 병원 중 하나다. 현재 무려 4,500여 명의 의사와 간호사가 일하고 있으며 1,500여 개의 연구 프로젝트가 24시간 가동되고 있다.

시더스 사이나이 병원은 미국 최고의 기관 평가 잡지인 유에스 뉴스 앤 월드 리포트(US News and World Report)가 발표한 '2020-2021 미국 최고병원'(Best Hospital in America) 순위에서 6위에 랭크됐다. 특히 스미스 심장연구소는 시더스 사이나이 병원이 자랑하는 대표적인 연구소다. 이 연구소는 심장내과와 외과의 통합관리를 통해 신속하고 조직적인 진료와 수술로 미국내 높은 심장병을 크게 줄이는 데 기여했다. 시더스 사이나이는 심장 및 심장수술 분야에서 미국내 3위를 기록하고 있다.

특히 여성 심장센터를 만들어 남성 위주의 진단과 치료에서 여성에게 흔한 다양한 심장질환 증상에 대한 연구와 적극적인 치료를 하고 있어 주목되고 있다.

시더스 사이나이 병원은 첨단의료 장비를 도입해 AI 진료와

빅 데이터 관리를 통해 한 치의 오차없이 수술과 환자를 관리하고 있다. 특히 암 예방 캠페인을 벌여 암 퇴치에 앞장서고 있으며 저소득층 소수민족을 위한 건강 서비스 프로그램에도 적극적으로 나서고 있다.

한인 의사와 간호사들도 많이 늘어나고 있다. 지난해에는 부인암(Gynecologic Oncology) 센터 디렉터로 세계적인 암전문의인 한인 케네스 김 박사를 스카웃했다. 김 전문의는 이 병원의 암센터 교육 프로그램 위원장도 맡고 있다.

지금은 한인들이 부담없이 찾는 최고의 병원이다.

그래도 부끄러운 영광들

국민훈장 동백장 수훈

2006년 어느 날 LA 총영사관 부총영사로부터 전화가 왔다. 그는 얼마전 타운에서 있었던 한 행사에서 인사드렸던 아무개 부총영사라며 자신을 소개했다. 그리고 나를 올해 대한민국 국민훈장 수상자로 추천한다는 것이었다.

그 소리를 듣는 순간 '이를 어떻게 거절하나' 하는 생각부터 먼저 들었다. 성격 탓이기도 하지만 대외적으로 무슨 상을 받는 것에 익숙하지 않아 마음이 선뜻 내키지 않았다. 그래서 '나를 인정해 준 것은 고맙지만 나보다 훌륭한 사람이 더 많다'며 사양의 뜻을 전했다. 부총영사는 나의 성격을 이미 잘 아는 듯 나의 활동을 조목조목 열거하면서 추천 이유를 댔다.

이미 나에 대한 조사를 다 한 것 같았고 내가 한 활동을 나보다 더 잘 알고 있었다. 집에 돌아와 이런 일이 있었노라고 아내한테 얘기 했더니 "당신의 마음을 이해는 하지만 고국의 정부가 주는 훈장을 굳이 거절하는 것도 도리가 아니다" 며 "더 많은 일을 해 달라고 하는 뜻이 아니겠느냐"고 조언했다.

아내의 말에 공감하며 국민훈장 동백장을 받았다.

엘리스 아일랜드 메달(Ellis Island Medal of Honor)

2003년 한 해 동안 한인 이민 100주년을 기념하는 다채로운 행사가 LA를 중심으로 미 전역에서 펼쳐졌다.

나는 뜻 깊은 이민 100주년을 맞아 한인사회 지도자들과 미주 한인의 날 제정에 앞장섰고 주정부는 2004년 1월13일을 미주 한인의 날로 제정했다. 이를 계기로 나는 미주한인의 날 대회장, 미주한인재단 LA 초대 회장, 미주한인재단 이사장을 역임하면서 한인들의 권익신장을 위해 노력하고 후원했다. 이같은 활동이 외부에 알려지면서 나는 2007년 또 한 번 영예로운 상을 수상했다.

바로 엘리스 아일랜드 아너 소사이어티(Ellise Island honor Society)가 수여하는 '엘리스 아일랜드 메달'(Ellis Island Medal of Honor)이다. 1986년 제정된 이 상은 미국 사회와 이민사회 발전에 공로가 큰 사람에게 수여하는 시민 훈장으로 이민자들에게는 명예로운 상으로 통한다.

매년 5월 뉴욕의 엘리스 아일랜드에서 시상식을 갖는데 그동안 제럴드 포드, 조지 부시, 빌 클린턴 대통령 등 역대 6명의 대통령이 수상했으며 헨리 키신저, 밥 호프 등 저명인사들도 수상했다. 엘리스 아일랜드는 뉴욕 허드선 강에 위치한 두 곳의 섬 중 하나로 초기 이민자들이 이 섬을 거쳐 들어왔기 때문에 이민자의 상징이 되고 있다. 무엇보다도 이 상은 연방 상하원에서도 인정돼 수상자의 이름이 의회에 기록되는데 나는 이민자의 한 사람으로서 특히 '엘리스 아일랜드 메달'을 수상한 것을 자랑스럽게 생각한다.

명예 경영학박사

사람은 누구나 잊지 못하는 부끄러운 일이 있다. 나에게 있어 평생 잊지 못하는 부끄러운 에피소드는 명예 경영학박사 학위 때문이다.

2007년 2월 한국의 연세대학교 정창영 총장님으로부터 국제전화가 걸려왔다. 총장님이 나를 올해 명예 경영학박사 후보자로 학위추천위원회에 추천했는데 위원회에서 통과돼 명예 경영학박사 학위를 받게 됐다고 말했다. 총장님은 기쁜 소식을 빨리 전해주기 위해 전화를 한 것이었다.

나는 초중고등학교 때 모두 전교학생회장을 해 앞에 나서는

2006년 5월 연세대학교 학위수여식에서 당시 정창영 총장으로부터 명예경영학박사 학위를 받고 있다.

것이 두려운 것은 아니었으나 성격상 나를 나타내는 것을 좋아
하지 않았다. 사회에서도 단체장을 많이 했으나 외부에 자랑하
고 나타내는 것을 싫어했다. 그래서 어디에서든 명예라고 하면
우선 손사래부터 치곤했다. 그날도 총장님이 명예 경영학박사
학위를 추천했다고 하셔서 사양의 말씀과 함께 정중히 거절의
뜻을 전했다.

　총장님이 내 말을 다 듣더니 평소의 온화한 목소리는 간데없
이 자못 심각한 목소리로 "일반 박사학위 취득자는 매년 수십
명씩 나온다. 그러나 명예박사학위는 연세대학교 100년 역사
상 몇십 명에 불과하다"며 그렇게 귀한 학위를 거절하는 이유

를 물었다.

나는 더 이상 말을 할 수가 없었다. 혹시 '지나친 겸손은 오만'이라 했는데 그렇게 들린 것은 아닐까. 지금도 그 순간이 부끄럽다. 그 때 나와 다른 한 분이 명예 경영학박사 학위를 받았는데 고려대총장님이었다.

나중에 안 일이지만 그 때 한국을 방문 중인 외국의 총리가 연세대학교에서 학위를 받기를 원해 명예 경영학박사 학위를 신청했는데 추천위원회 심사에서 탈락됐다고 해서 놀랐다. 그 총리는 그 나라의 경제발전에 크게 기여한 분으로 해외에서도 널리 알려진 분이었다.

모교 연세대학교로부터 명예 경영학 박사를 받던 날, 나는 아내와 어릴 때부터 나를 바른 길로 이끌어준 초등학교 은사 유선형 선생님 내외분을 초청해 이런 영광의 날까지 보살펴 주고 이끌어 주셔서 고맙다며 깊은 감사를 전했다.

2017 대한민국 글로벌 리더

매경미디어그룹이 주최하고 한국의 산업통상자원부, 대한상공회의소, 한국무역협회, 동반성장위원회가 후원하는 2017 대한민국 글로벌 리더로 선정됐다.

이 상은 매경미디어그룹이 각 계에서 활약하고 있는 리더들의 성공 노하우와 열정을 공유하자는 취지로 2013년에 처음 시

한인사회는 곧 미주 이민 100주년을 맞이한다. 코리안 아메리칸의 현주소를 짚어볼 시점이다.

지난날 중순 백악관의 초청으로 아태 문화유산의 달 기념행사에 참석했다. 미국의 대통령이면 흔히 세계의 대통령이라고 한다. 그런 대통령의 따뜻하고 친근한 모습 속에서 또 우리와 함께 똑같은 나무의자에 앉는 모습 속에서 미국의 민주주의를 실감할 수 있었다.

우리 일행은 이틀에 걸쳐서 대통령 특별보좌관, 농림부 차관보, 노동부 차관보, 공화당 전국위원회 외장 등 워싱턴 DC의 중요 인사들과 만나 한인사회의 현황과 건의사항들을 열심히 전했다.

이렇게 LA, 뉴욕, 애틀랜타 등지에서 온 한인들이 워싱턴의 중요 관

계자들과 함께 공식적으로 한인사회의 건의사항을 나누기는 처음이라고 한다.

행사에 참여한 이틀간 제일 크게 받은 느낌은, 물론 우리보다 이민역사가 오래되긴 했지만, 중국계, 일본계 커뮤니티 인사들의 미 주류사회와의 친분관계 즉 네트워크가 아주 잘 되어 있다는 사실이었다. 대통령을 위시하여 장관들, 보좌관들과의 관계가 하루아침에 이루어진 친분이 아님을 느낄 수 있었다.

현 부시 대통령 취임이후 75명의 동양인이 현정부의 고위층에 기용

되었으며, 그중 16명이 상원인준 고위직이라는 이야기를 들었다. 그런데 그 숫자의 대부분이 중국계와 일본계라는 사실이다.

지난 수십년 동안 우리 미주 동포들은 무엇에 제일 관심을 두고 살고 있었나 하는 생각을 하게 했다. 미주 동포들의 최고 관심은 한국 정치인가, 아니면 우리가 살고 있는 이곳, 미국의 정치, 경제, 사회의 이슈인가. 우리는 너무 한인사회 안에서 우리끼리 살면서 미국 주류사회와는 소원하지 않았나 하는 생각을 해본다.

어느 미국 인디안 지도자의 말이 생각난다. 그는 미국 정부가 정해준

인디안 보호지역정책은 인디안 도태정책이라고 했다. 물론 우리 한인 사회를 인디안 보호지역과 비교할 수는 없다. 하지만 미국의 주류사회와 교류하지 않고 한국정치에 대한 관심등 한국 지향적 생활태도는 우리 스스로를 미국생활에서 퇴보시키는 결과를 초래하지 않을까 걱정된다.

대부분의 미주 동포들은 생을 마

'우리끼리'의 한계

친 후 이곳 미국땅에서 묻힐 사람들이다. 이곳은 또 우리의 후손들이 대대로 계속 살아갈 곳이다. 물론 우리의 조국에 대한 향수와 애정을 가슴에 안고 살아야 하겠지만, 우리가 매일 매일 살고있는 이곳 미국땅이 바로 우리의 나라임을 다시 한번 깨달을 필요가 있지 않나 생각해 본다.

훌륭한 미국시민이 되는 것이 오히려 우리의 조국을 더 사랑하고, 한국의 국익신장에 도움이 되는 것임을 깨달아야 하겠다.

미국은 정말 기회의 나라이다. 최근 미국대표 UN 경제담당 대사를 만나보고 깜짝 놀랐다. 칼보디아의 얼굴을 한 분이 바로 미국을 대표하는 UN 주재 미국 대사라는 것이었다. 그분의 말에 의하면 1976년 캄보디아의 폭정을 피해서 미국에 도망와서 열심히 공부한 결과 미국은 지 13년만에 백악관의 주요 직책에 기용되었고, 오늘에 이르러 미국을 대표하는 UN 경제 대사가 되었다는 것이다.

우리의 꿈을 맘껏 펼칠 수 있는 이 축복의 나라에서 미국의 훌륭한 시민으로 살아가면, 우리의 조국을 사랑하는 자랑스런 코리안 아메리칸이 되어지겠다는 다짐을 해본다.

미주한인의 날이 제정되고 난 후 미주한국일보에 게재된 나의 칼럼 - 우리끼리의 한계

작했다. 선정 기준은 경영비전, 리더십, 실적 및 성과, 브랜드 가치 등이었다.

나의 선정이유에 대해 1986년 재정위기에 몰린 월셔 스테이트 은행의 이사장으로 취임해 한인교포들의 사업성장에 밑거름이 되어온 점을 높이 평가했다. 또한 뱅크 오브 호프가 미주 한인 최초의 슈퍼 리저널 은행으로서 미국 금융계에 차지하고 있는 위치에 주목하며 미주내 한인들의 위상을 높이는 데 크게 기여하고 있다고 평가했다.

이밖에 고선재단(Koh Charitable Foundation)을 통해 저소득층 어

린이를 위한 교육과 주변 저소득층에 의료 서비스를 제공하는 비영리 봉사단체 지원 등을 선정이유로 꼽았다.

나는 수상 소감으로 "무엇보다 고국에서 뱅크 오브 호프의 성과를 높이 평가해 준 것이 기쁘다. 앞으로 뱅크 오브 호프가 미주한인사회와 고국이 함께 발전할 수 있는 교두보 역할을 하겠다"고 말했다.

2004년 1월 13일 캘리포니아주 의회가 매년 1월 13일을 '미주한인의 날'로 제정한 후 미주한인재단 이사장으로서 한인사회를 대표해 LA 시의회에서 인사말을 하고 있다.

가운데 왼쪽 - 2006년 한국정부로부터 국민훈장 동백장을 서훈 받은 후 당시 최병효 총영사와 기념촬영 모습.

. . . .

가운데 오른쪽 - 2005년 엘리스 아일랜드 메달 수상.

. . . .

맨아래 - 2006년 모교인 연세대학교로부터 명예경영학박사 학위를 받은 후 아내와 기념촬영.

뒷모습이 아름다운 사람이 돼야

삶은 수많은 만남과 헤어짐의 연속이다.

운명적인 만남도 숙명적인 헤어짐도 하늘이 맺어준 인연과 관계의 틀 속에서 이루어진다. 그래서 "부부의 인연은 하늘에 있고 세상의 인연은 관계에 있다"는 말이 있지 않은가.

세상의 인연이 관계에 있는 것처럼 우리는 조직의 관계에서 운명적으로 사람들을 만나게 된다. 이같은 관계를 통한 만남으로 사회가 이루어지고 그 사회 속에서 우리는 삶을 영위해 나간다. 그러나 만남이 있으면 헤어짐도 있다는 것은 인간의 비극이다. 하늘이 맺어준 인연이건 세상의 관계 속에서 만난 인연이건 우리는 헤어짐을 경험하게 된다.

회자정리 거자필반(會者定離 去者必返)이란 말이 있다. 불교의 법화경에 나오는 말로 사람의 헤어짐은 정해져 있고 언젠가는 다시 만난다는 뜻이다. 헤어짐이 정해져있고 필연적으로 다시 만난다면 헤어짐이야말로 또 다른 만남을 위한 시작이라 할 수 있다.

나는 헤어짐을 만남보다 더 중요하게 생각한다. 처음 만날 때 부터 헤어짐을 준비하고 아름다운 헤어짐을 통해 또 다시 기쁨의 만남을 준비하는 것이다. 나는 헤어짐의 단어를 뒷모습으로 표현하고 싶다.

'헤어짐이 좋아야 한다'를 '뒷모습이 아름다워야 한다'고 말한다. 사랑하는 사람과 만난 뒤 우리는 헤어짐이 아쉬워 돌아서 가는 사랑하는 사람의 뒷모습을 끝없이 쳐다본다. 만남이 좋았기 때문에 뒷모습도 좋은 것이다.

그러나 싸우고 돌아서는 사람의 뒷모습을 쳐다본 적이 있는가. 싸운 사람의 뒷모습은 쳐다보기도 싫은 것이다. 나는 아름다운 뒷모습을 만남에서부터 관리하라고 말하고 싶다. 뒷모습을 관리하는 것은 자신의 본분을 지키고 겸손하며 최선을 다하는 것이다. 그런 사람의 모습은 뒷모습도 아름다운 것이다.

뒷모습처럼 정직한 것은 없다. 앞모습은 화장을 통해 꾸밀 수 있지만 뒷모습은 그대로다. 사람과 헤어져 뒷모습을 보일 때 그 사람의 참 모습이 나타나는 것이다.

나는 오랫동안 많은 직원들과 만남과 헤어짐을 경험했다. 어떤 사람은 만남은 미약했으나 헤어짐이 너무나 아쉬운 사람이 있고 어떤 사람은 만남은 화려했으나 헤어짐이 초라했던 사람이 있다. 지금 생각하면 헤어짐이 아쉬운 사람은 꿈속에서라도 다시 만나고 싶지만 헤어짐이 초라했던 사람은 다시 만날까 봐 겁난다.

"끝이 좋아야 모든 것이 좋다(All is well that ends well)"는 말도 있다. 오랜 세월을 친하게 지내다 헤어질 때 원수로 돌아서는 관계를 종종 본다. 직원 중에서도 보배처럼 일하다 그만 둘 때는 마무리를 엉망으로 해 놓거나 인수인계를 제대로 하지 않고 갑자기 안면을 바꾸는 사람을 본다. 자신의 뒷모습을 흉하게 만드는 사람들이다.

불교에 옷깃을 스쳐도 인연이라고 한다. 우리 모두는 삶 속에 깊은 인연으로 만난 사람들이다. 헤어질 때는 웃는 얼굴로 감사하며 헤어지기를 바란다.

잊을 수 없는 나의 아쉬운 헤어짐 중에는 30년 세월을 같이한 윌셔 은행 선후배 동료 이사들을 빼놓을 수 없다. 그들은 나의 동반자이자 친구였으며 든든한 후원자였다.

다음은 윌셔 은행 35주년 기념 은행사 발간 때 여러 이사들이 나에 대해 인터뷰한 내용이다.

영원한 리더 고석화 이사장

월셔 은행 이사들은 고석화 이사장의 리더십이 지난 20년간 월셔 은행 이사회가 바람직하게 운영되는 데 결정적인 역할을 했다고 입을 모으고 있다.

2011년에 은퇴한 멜 엘리옷 이사는 "양심적이고 탐구적이며 참으로 뛰어난 사람을 이사장으로 갖게 된 것은 은행의 큰 행운"이라고 말했고, 리처드 임 전 이사는 "그동안 우리는 이사장을 바꿀 필요가 없었다. 앞을 내다보는 눈이 뛰어나고 결단이 빠르다. 고 이사장은 무엇보다도 월셔 은행과 직원들을 진정으로 사랑한다"고 말했다. 변동일 이사도 "고 이사장처럼 공사(公私)간에 모범이 되는 분이 중심에 계시니 이사회 분위기는 자연스럽게 그를 따르게 됐다"고 말했다.

<월셔 은행 35주년 은행사 337페이지>

부족한 저에 대해 과찬의 말씀을 주신 모든 분들께 무한한 감사를 드린다. 지금도 그 분들이 많이 그립다.

나는 언젠가 세상과 헤어지는 나의 뒷모습을 상상한다. 아쉬운 모습일까, 미워하는 모습일까.

당신의 꿈이 나의 꿈

당신의 꿈이 나의 꿈

50년을 같이 살면서 한 번도 나에게 부탁을 한 적이 없는 아내가 야속할 때가 있다.

남자들이 다 그렇겠지만 나 역시 어느 정도 목표를 달성했다고 생각했을 때 가장 먼저 달려가 자랑하고 뽐내고 싶은 사람이 바로 아내다. 나는 어쩌면 '연애시절 당신을 이 세상 최고 행복한 여인으로 만들어 주겠다'는 철없었던 그날의 약속을 지키기 위해 지금까지 달려왔는지도 모른다. 좋은 일이 있을 때면 가장 먼저 아내에게 달려갔고 고민하던 일이 풀렸을 때도 가장 먼저 전화를 해 기쁨을 전했다. '내가 이렇게 하면 아내가 얼마나 좋아할까'를 생각하며 살아 온 것 같다.

그리고 일이 잘 풀리지 않을 때도, 어려운 일이 발생했을 때도 아내에게 전화를 해 '별일 없지요?' 하고 묻곤 했다. 아내는 내가 '별일 없지요?' 하고 물으면 일이 잘 안 풀리고 있구나 하고 눈치를 챈다. 그러면 언제나 '잘 있어요. 걱정하지 마세요' 라고 답한다. 어쩌면 무뚝뚝한 말 한마디인데도 나는 그 말을 들으면 답답한 마음이 다소 진정됨을 느껴 다시 일상으로 돌아가곤 했다.

결혼 50주년 기념해 동네 근처 식당에서 둘 만의 시간을 가졌다. 어느새 부쩍 여위어진 아내에게 '그동안 고생 많이 했어요. 이제 남은 당신의 꿈이 뭐지요?' 라고 물었다. 아내는 한 순간도 지체하지 않고 '당신의 꿈이 나의 꿈이지요' 라고 말했다. 나는 가슴이 메어 더 이상 말을 잇지 못했다.

큰 맘 먹고 다이아몬드 반지도 사주고, 무슨 기념일에는 고급 핸드백도 선물했지만 지금까지 한 번도 내가 사 준 반지를 끼거나 핸드백을 들고 다니는 것을 본 적이 없다.

"내 재산이 모두 당신 것이니 사고 싶은 것도 사고 좀 쓰라"고 하면 "필요한 것들 다 사고 있다"며 "특별히 살 것도 없다"고 말하곤 한다.

그래서 지금은 다 포기했다.

우연으로 만난 인연

나는 아내 정옥을 연세대 캠퍼스에서 만났다. 경희대 가정학

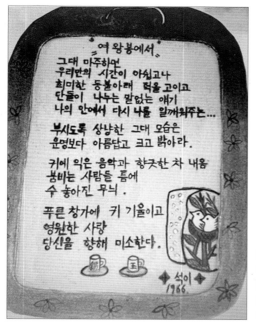

56년전인 1966년 아내와 여왕봉
에서 데이트할 때 써준 시. 아내가
판화로 만들어 간직하고 있다가 작
년 여름 결혼기념일 때 나에게 보여
주었다.

과에 다니고 있었는데 연세대를 방문했을 때 길을 안내해 준 인
연으로 만나게 됐다. 그 때는 다방(Coffee Shop), 생맥주집이 대
학생들의 데이트 장소였는데 내가 술을 마시지 못해 우리는 주
로 음악다방을 다녔다. 1966년 종로에 있는 여왕봉 다방에서 정
옥에게 시를 써 주었는데 그 시를 판화로 만들어서 55년의 세월
이 흐른 작년 여름에 나에게 보여주었다. 아내의 순정과 세심함
에 감탄했다.

여왕봉에서

그대 마주하면
우리만의 시간이 아쉽고나
희미한 등불아래 턱을 고이고
단 둘이 나누는 말없는 얘기
나의 안에서 다시 나를 일깨워주는 …

부시도록 상냥한 그대 모습은
운명보다 아름답고 크고 밝아라

귀에 익은 음악과 향긋한 차 내음
붐비는 사람들 틈에
수놓아진 무늬

푸른 창가에 귀 기울이고
영원한 사랑
당신을 향해 미소한다.

〈석이〉

부끄러운 나의 첫 사랑 정옥을 향한 사랑의 순애보다.

운명인가 인연인가.

그런데 한 참을 사귄 후에 알게 된 것은 나는 개신교였고 아내의 집안은 독실한 가톨릭 집안이었다. 처음에는 '사랑 앞에 종교가 대수냐' 하고 생각했는데 아내 쪽은 달랐다. 알고 보니 아내의 가까운 친척 중에 순교자가 있고 성직자가 있는 아주 독실한 가톨릭 집안이었다. 친사촌 중에도 신부와 수녀가 있었다. 생각했던 것보다 심각한 상황이었다.

그러나 개신교인 나의 상황도 마찬가지였다.

지금까지 살아 온 나의 힘은 어머니의 기도 때문이라 할 정도로 어머니는 독실한 기독교인이다. 매일 새벽기도로 시작해 기도로 하루를 마무리할 정도로 신앙이 깊었다.

어머니는 정옥을 만나는 동안 정말 예뻐했다. 그런데 그녀가 가톨릭임을 알게 되자 충격에 빠졌다. 지금까지 나의 모든 선택과 어떤 결정에도 주저하지 않고 지지해 주었던 어머니가 갑자기 머뭇거렸다.

아내 정옥의 집안은 더 난감해 했다. 사랑이란 참으로 이상한 것 같다. 상황이 더 어려워질수록 우리의 만남은 더 많았고 사랑은 더 깊어만 갔다. 할 수 없이 목사님의 의견을 듣기로 했다. 나는 목사님에게 모든 것을 얘기하고 죽도록 사랑하고 있노라고 얘기했다.

내 얘기를 조용히 듣던 목사님이 '꼭 결혼하고 싶으냐'고 물었

졸업후 아내와 데이트할 때 서울
남산에서…

다. 나는 단호하게 '그렇다'고 했다. 목사님은 더 이상 묻지도 않
고 '결혼하라'고 승낙하셨다.

목사님은 똑같은 하나님을 믿는데 그게 문제될 것이 없다며
결혼하라고 말했다. 우리의 Sweet Home 출발이 시작됐다.

There is no place like home !

6

은행 밖
인생

나의 뼈가 금융인이라면
나의 피는 무역인이다.
대학 졸업 후 무역인의 길로
사회생활을 시작했고
얼마 후 금융인과 무역인의 길을 같이 걸어왔다.

객원교수의 추억

몇 해 전 한국의 한 변호사로부터 편지를 받았다.

십수 년 전 내가 연세대학교 법무대학원에서 겸임교수를 할 때 강의를 들은 적이 있다며 자신을 소개했다. 그 변호사는 편지에 다음과 같이 적었다.

교수님께서는 우리가 죽기 전에 운전대가 없는 자동차 시대를 맞게 될 것이고 하늘을 나는 자동차를 이용하게 될 것이라고 말했습니다. 나는 교수님으로부터 그 얘기를 들었을 때 아무리 미국의 첨단산업이 발달하고 하이텍에 투자한다고 하더라도 그것은 꿈같은 얘기일 것이라고 생각했습니다.

그런데 요즘 자율자동차가 등장하고 나는 자동차(Flying Car)

2007년 연세대 경영대학 객원교수 시절 강의실에 모인 학생들. 300여 명이 넘게 들어가는 경영대학 강당이 꽉 차있다.

기술이 속속 개발되고 있다는 뉴스를 보고 놀라움을 금치 못하고 있습니다. 교수님은 또 무인 은행시대가 곧 도래하고 크레딧카드 없이 셀폰으로 결재하는 시대도 올 것이라고 예상했습니다. 이미 10년 전에 그런 예상을 하신 교수님의 예측이 놀랍습니다.

나는 2006년부터 2007년까지 연세대학교 경영대학에서 객원교수로, 법무대학원에서 겸임교수로 강의를 한 적이 있다. 연세대에서의 강의 경험은 내 생애 가장 뜻있고 보람 있는 경험중의 하나이다.

강의는 내가 한국을 방문할 때를 맞춰 특강형식으로 스케줄이 잡히는데 스케줄이 나오면 대학교측의 배려로 게시판에 안내가 된다. 내가 미국에 살고 있고 미국에 있는 은행의 이사장이라는 타이틀 때문인지 300여 명이 넘게 들어가는 경영대학 강당이 발 디딜 틈이 없이 꽉 찼다.

강연 주제는 미국 실물경제와 미래 산업, 성공한 사회인이 되기 위한 조건 등을 주로 강의했는데 학생들의 초롱초롱한 눈빛과 한 치의 흐트러짐 없는 자세가 지금도 눈에 선하다.

법무대학원에서 강의할 때는 강의 후에 참석자들과 대화의 시간을 갖고 서로 명함을 주고받았는데 수강생 중에는 대학원 재학생뿐만 아니라 판사와 변호사, 공무원, 군인, 경찰관들이 많이 있었다. 모두 공무원인데도 불구하고 실물경제와 첨단산업에 대해 큰 관심을 보여 놀랐다.

강의를 마친 후에 교수님들이 수강생들이 많은 것을 보고 "고 회장님이 우리 밥그릇을 빼앗는다"며 농담을 해 웃었다. 강의를 하면 학교에서 강의료를 지급했는데 받은 강의료는 전액을 학생들을 위해 연세대학교에 설립돼 있는 고선장학기금에 입금했다.

＊〈챕터 7 부록 – 성공의 길을 묻는 젊은이에게〉는 당시 연세대학교에서 했던 강의 내용의 일부를 엮은 것이다.

나의 피는 무역인

나의 뼈가 금융인이라면 나의 피는 무역인이다.

대학 졸업 후 무역인의 길로 사회생활을 시작했고 얼마 후 금융인과 무역인의 길을 같이 걸어왔다. 어릴 적 꿈이었던 정치인의 꿈을 접고 한국의 무역입국에 일조하겠다며 연합철강에 입사해 무역을 배웠고 미국으로 와 철강무역을 해온 지 어언 50여년, 무역은 내 삶의 도도히 흐르는 피다.

나는 반세기 동안 해외 한인 무역인으로서의 자긍심과 보람을 가슴에 품고 살아왔다. 지난 1981년 조국의 경제발전과 무역증진에 기여하고 해외에서 모국 사랑 운동을 펼치기 위해 해외한인경제인들이 만든 세계한인무역협회(OKTA·Overseas Korean Traders Association)의 창설에 앞장섰던 일, 1997년 한국이 IMF

의 외환위기를 맞았을 때 OKTA LA 초대회장으로서 모국 돕기 캠페인을 주도했던 일, 그리고 월드 옥타를 통해 차세대 무역인 양성을 후원했던 일들은 잊을 수 없는 뿌듯한 프로젝트였다. 나는 한국에서 강연을 할 때마다 이렇게 강조해 왔다.

"해외에 사는 경제인들이야말로 우리의 조국을 가슴에 담고 살아가는 사람들이다. 해외에 살다보면 '피는 물보다 진하다'는 것을 느낀다. 조국이 어려우면 우리의 마음도 아프다. 그것이 바로 OKTA의 정신이다. OKTA가 조국이 IMF의 어려움에 처했을 때 해외 각지에서 조국 살리기 운동을 벌인 이유다"

세계한인무역협회는 지난 1981년 해외 16개국에서 온 동포 101명이 서울 롯데호텔에 모여 오로지 조국의 경제발전에 기여하기 위해 범세계적 한민족 경제 공동체를 구현한다는 취지로 결성됐다. 이때 창설된 세계한인무역협회가 오늘날의 월드 옥타다.

월드 옥타는 현재 64개국 138개 지회, 7,000여명의 정회원과 25,000여명의 차세대 회원을 보유하고 있는 750만 재외동포의 최대 경제단체로 성장했다.

나는 월드 옥타의 여러 사업 중 차세대 무역스쿨 사업과 재외동포 해외시장 개척사업을 특히 강조하고 있다. 차세대 무역스쿨 사업은 ▲젊은이들에게 무역실무를 교육하고 ▲1세들이 무

2010년 제 15차 세계한인경제인대회 대회장으로서 개막연설을 하고 있다.

역현장에서 경험했던 노하우를 전수해 주며 ▲해외 동포 젊은이들이 한국을 방문해 기업을 견학하고 체험하는 프로그램이다.

월드 옥타는 지난 20여 년 동안 차세대 무역인력 2만5천 명을 양성했다. 젊은 차세대들이 40세가 되면 자동으로 월드 옥타 정회원이 돼 옥타의 사업을 이어간다.

2009년 내가 월드 옥타 15대 회장을 하면서 제일 강조했던 해외동포의 해외시장 개척사업은 해외동포 젊은이들이 월드 옥타의 각 지회를 통해 국내 기업에 와서 1대1로 훈련을 받고 이 기업 제품을 해외에 나가 홍보하고 마케팅 활동을 하는 것이다. 즉 한국 젊은이들은 해외에 있는 동포기업에서 인턴십을 하고 해외에 있는 동포젊은이들은 한국 기업에서 인턴을 하는 인턴 연결 사업이다.

지금도 이 프로그램을 통해 매년 수백여 명의 한국 젊은이들이 해외 한인기업에서 인턴을 하고 또 해외에 있는 한인 2세 대학생들은 한국 기업으로 인턴을 가 한국과 해외의 경제와 문화를 익히고 있다. 나는 2009년 제 15대 월드 옥타 회장으로 일할 때 만년 적자였던 월드 옥타의 재정을 처음으로 흑자로 전환시켰다. 어려움이 있었지만 보람 있었던 기억이다.

해외의 수많은 월드 옥타 지회 중 LA 옥타는 규모면이나 활동면에서 월드 옥타의 대표 지회라 할 수 있다. 현재 200여 명의 회원을 두고 있는 옥타 LA는 차세대 무역인 양성 프로그램을 비롯 한국 각 대학들과 대학생 해외진출 업무협약, 모국 산불 피해 돕기 등 재난지원금 제공. 회원 간의 친목도모 등 다양한 활동을 펼치고 있다.

옥타 LA가 월드 옥타의 대표 지회로 발돋움하고 남가주 한인 사회에서도 모범적인 단체로 자리매김할 수 있었던 것은 역대 옥타 LA 회장님들의 노고덕분이라고 생각한다. 다음은 역대 옥타 LA 회장들이다.

초대 고석화 회장, 2대 임종칠 회장, 3대 임광식 회장, 4,5대 정진철 회장, 6대 옥병광 회장, 7대 이덕치 회장, 8,9대 이청길 회장, 10대 박병철 회장, 11,12대 은석찬 회장, 13대 이영중 회장,

2009년 제 8차 한상대회 대회장으로 선출된 후 임원과 관계자들이 보는 가운데 한상대회기를 흔들고 있다.

14대 민병철 회장, 15대 서정일 회장, 16대 김준경 회장, 17,18대 김주연 회장, 19대 민병호 회장, 20대 임정숙 회장, 21,22대 김무호 회장, 23대 최영석 현 회장.

모두 미주 한인경제 발전에 기여하고 조국을 빛낸 탁월한 CEO들이다.

한상대회 리딩 CEO 포럼

해외에서 비즈니스를 하는 한국인이라는 뜻의 한상(韓商)들의 모임인 한상대회는 재외동포재단 주관으로 2002년 10월8일 서울 롯데호텔에서 '제 1차 세계한상대회'를 열면서 시작됐다. 그후 서울과 지방 도시를 오가며 연례행사로 개최되고 있다.

한상대회는 월드 옥타와 각 지역별 한인상공회의소를 비롯한 해외 경제단체들이 모두 참여하는 한민족 비즈니스 네트워크 컨벤션이라 할 수 있다. 세계 한상대회기간 중에 열리는 리딩 CEO 포럼은 자본금 300만 달러 이상, 연매출 3,000만 달러 이상인 사업체를 운영하는 한상들이 모여 한상 네트워크를 구축하고 회원 간 친목도모 차원에서 결성됐다.

창립 포럼에는 당시 장대환 매일경제 사장, 손병두 전국경제인연합회 상근부회장, 진념 경제부총리를 비롯해 나를 포함한 해외 리딩 CEO 30명과 국내 리딩 CEO 15명이 참석했다.

특히 해외에서 참석한 텍사스의 호텔 왕 문대동 회장, 뉴욕의 거상 홍성은 회장, 싱가포르의 거상 정영수 회장, 미국 건축계의 대부 허승회 회장, 유럽의 거상 박종범 회장, 인도네시아의 신발 거상 송창근 회장 등은 세계를 누비는 한상 리딩 CEO들로 늘 그리운 벗들이다.

나는 리딩 CEO 포럼 창립멤버로 참여했으며 2009년 제8차 한상대회장을 역임했다. 1981년부터 수십 년 동안 거의 매년 2번씩 월드 옥타행사로 만나는 OKTA 명예회장들은 웬만한 친척보다 더 가까운 선후배, 동료의 정을 나누고 있다.

월드 옥타의 장우상 초대회장님, 모자의 왕 조병태 회장, 미국 가발무역의 대부 정진철 회장, 캐나다의 무역 왕 이영현 회장, 뉴욕의 거상 서진형 회장, 호주시민으로 대북 무역의 거상 천용

수 회장, 말레이시아의 거상 권병하 회장, 인도네시아 식품업 대부 김우재 회장, 싱가포르의 거상 박기출 회장, 미국 보험업계의 선구자 하용하 회장, 일본의 면세점 거상 장영식 현 OKTA 회장 등은 세계를 누비는 경영천재들이다.

그립고 만나고 싶은 월드 옥타의 벗들이다.

내 인생의 여백(I)

골프, 영원한 나의 파트너

나의 취미는 골프와 여행이다.

골프는 일주일에 한두 번 정도 라운드하며, 여행은 아내와 거의 30년째 1년에 한두 번 세계 이곳저곳을 여행하고 있다.

나는 골프 예찬론자다.

일주일 동안 열심히 일한 후 푸른 초원으로 달려가 상큼한 공기 속에서 친구들과 같이하는 골프야말로 최고의 스트레스 해소제다. 파란 하늘 속으로 날아가는 백구(白球)를 상상해보라. 생각만 해도 짜릿한 전율을 느끼게 한다. 더구나 골프를 치는 동안은 세상일을 잊을 수 있다.

누군가 골프의 최대 결점은 너무 재미있다는 데 있다고 했던

가. 나는 골프를 '따로 또 함께'라고 정의한다.

플레이는 혼자하면서 네 명이 함께하는 스포츠다. 만약 골프가 혼자만 하는 것이라면 재미가 없을 것이다.

다른 사람의 간섭을 받지 않고 혼자 플레이하면서, 다른 세 명의 동반자와 게임도 하고 경쟁을 할 수 있기 때문에 라운드를 하는 동안 웃고 즐길 수 있는 스포츠다. 그러나 "친한 친구 넷이 첫 홀을 시작했다가 18홀 마칠 때는 원수가 돼서 돌아간다"는 말도 있다. 그만큼 희로애락이 있다.

나는 1983년에 멤버가 된 퍼시픽 팰리세이드에 있는 리비에라 컨트리 클럽(Riviera CC·파 71)에서 주로 라운드하며 핸디는 18이다. 핸디 18은 보통 고무줄 핸디라고 하는데 실제로 나도 내 핸디를 잘 모른다. 어떤 때는 84타를 치기도 하고 어떤 때는 100타를 넘게 쳐 어지럽다.

나는 딱 한 번 싱글을 쳐봤다. 같은 리비에라 컨트리 클럽 멤버이며 핸디가 10인 하기환 회장 등과 라운드를 했는데 집중을 한 탓인지 공이 그린에만 올라가면 다 홀로 빨려 들어갔다. 그날 78타 7오버 파를 쳐 오늘까지 라베(Life Best) 스코어다. 이날의 스코어로 나는 한동안 내 영어이름인 Steven Koh에서 t를 뺀 Seven Koh로 불려졌다.

홀인원은 리비에라 클럽 멤버로 조인하기 바로 전 해인 1982년 5월19일, 이 코스 16번홀(137야드)에서 했다. 동반자들로부터

미 전국에서도 유명한 리비에라 골프 클럽의 클래식한 건물 전경. PGA 제네시스 오픈의 홈 코스다. 맨 왼쪽 뒤로 보이는 깃발이 18번 홀 그린. PGA 대회가 열리면 갤러리들이 그린 뒤의 언덕에 앉아 마지막 그린에서 펼쳐지는 드라마를 감상하고 환호하는 전경이 장관을 이룬다.

멋진 트로피를 받았지만 다소 출혈이 컸던 기억이 난다.

나의 골프 파트너들은 지금도 일주일에 한두 번을 만나 실력을 겨루는 리비에라 멤버들이다. 핸디 12인 홍성달(United Fabricare Supply 대표) 회장은 성격이 차분하고 절대 흥분하는 법이 없어 내기골프에서 가장 힘든 적수다. 역시 핸디 12인 황상민 회장은 '골프장에서 죽고 싶다'고 할 정도로 골프를 좋아하는 골프애호가이다.

이밖에 홀인원을 7번이나 한 핸디 12의 켄 초이 회장, 한국에서 크게 사업을 하는 핸디 15의 이건수 회장, 85세에 핸디 11을 치는 박대규 회장, 침착한 성격으로 프로를 능가하는 실력의 구우율 회장 등은 모두 리비에라 멤버로 자주 같이 라운드를 하는데 내가 따라가기 힘든 프로급 실력자들이다. 핸디 2인 구우율(Koo's Manufacturing 대표) 회장은 66세에 에이지 슛(Age Shoot·18홀의 점수가 플레이어의 나이와 같거나 나이보다 적은 타수를 기록하는 것)을 날려 화제가 됐으며 70세인 2021년에는 무려 세 번이나 70타를 치는 기록을 남겼다.

나의 또 다른 골프 파트너들은 UCLA 경영대학원 최고경영자 코스 동창들인 제임스 심(JC Sales 회장), 문 박(MP Trading 회장), 앤드류 김(Nexgen Metals 회장) 멤버들이다. 우리는 3개월에 한 번씩 돌아가면서 각자가 소속한 클럽 코스에서 골프 회동을 한다.

다음 라운드가 기다려지는 파트너들이다.

인생의 축소판

골프는 육체적 정신적 건강에도 좋고 인생을 가르쳐 주는 스포츠인 것 같다.

골프장에 나가면 골프에 집중하게 되고 골프를 치는 동안은 일의 생각으로부터 해방된다. 라운드하는 동안은 스트레스가 없다. 그리고 골프는 카트를 타더라도 한번 라운드하면 수천 걸음을 걷게 되고 스윙을 하니 신체적으로 운동하는 효과가 있다. 만약 카트를 안 타고 처음부터 걷는다면 한 라운드에 약 1만5천 보를 걷는다. 매주 한번씩 1만5천 보를 걷는다면 더 이상 운동이 필요 없다. 또 스윙을 하면 허리, 다리, 어깨가 유연해진다.

골프는 희로애락이 담긴 인생과 같다.

바둑을 두는 사람은 바둑판이 인생의 축소판이라고 말한다. 그러나 나는 골프야말로 우리 인생의 축소판이라고 생각한다. 18홀을 라운드 하는 동안 인생의 희로애락이 다 펼쳐진다.

공이 너무 잘 맞아 '오늘은 싱글을 치려는가' 하고 생각하는 순간, 공은 어느새 OB(Out of Bound)지역으로 날아가 버린다. '이번 홀은 파를 잡아야지' 하는 순간, 공은 벙커에 빠지고 홀도 안 보이는 그린 끝에서 '2퍼트해서 보기라도 잡아야지' 하고 생각했는데 공은 그림같이 홀로 빨려 들어가 버디를 잡는다.

한 홀 한 홀에서 펼쳐지는 각본 없는 드라마는 그야말로 우리 인생의 축소판이다.

룰과 매너를 지켜라

골프는 룰(Rule)과 매너(Manner)의 스포츠다.

룰 안에서 정정당당하게 실력을 겨룰 수 있기 때문에 사람들로부터 사랑을 받는 것이 아닌가 싶다. 골프 룰은 곧 플레이어의 양심이다. PGA 같은 대회는 심판이 있지만 주말 골프에서는 양심이 심판이다.

다른 사람이 안 볼 때 공을 슬쩍 옮긴다거나, 점수를 속이는 것은 양심을 속이는 룰 위반이다. 그런데 이상한 것은 어떤 사람이

룰을 위반하면 그 다음 홀이나 다른 곳에서 꼭 벌을 받는다. 하늘이 보고 벌을 내리는 것 같다. 양심을 속이고 공을 몰래 옮겨 놓고 치면 영락없이 톱핑(Topping·공의 윗부분을 맞춰 공이 뜨지 못하고 굴러가는 샷)을 해 벌을 받는다.

골프는 매너의 게임이다.

내가 가장 싫어하는 사람은 자신이 잘못 쳐 놓고 클럽을 내리치면서 화내는 사람이다. 그러면 뭐라고 말할 수도 없고 주위가 썰렁해진다. 골프를 같이 쳐보면 그 사람의 성격을 알 수 있다.

급한 사람, 느긋한 사람, 짜증내는 사람, 까다로운 사람, 쓸데없이 화내는 사람, 여유가 있는 사람, 자비로운 사람, 조바심을 내는 사람 등등 온갖 성격이 다 나온다. 그린의 홀(Hole) 지름이 108mm로 불교에서 말하는 삶의 108번뇌가 이 작은 구멍 하나에 다 들어있으니 더 이상 말이 필요 없다.

내가 아는 한 사람은 평생 한번 홀인원을 했는데 티샷을 떠난 공이 그린 옆 벙커에 놓인 고무래(Rake·벙커 모래를 다듬는 갈퀴)를 맞고 홀에 들어갔다. 골프는 실력에다 운까지 따른다면 최고다.

나는 지금도 골프를 즐긴다. 인생을 생각하면서…

내 인생의 여백(II)

여행, 또 다른 삶

나의 여행은 50여 년 전, 아내와 데이트를 하던 시절 서울 여왕봉 다방에서 '나중에 세계 여행을 꼭 시켜주겠다'고 한 약속에서 시작됐다.

나는 성격상 미래에 대한 생각이나 약속을 밖으로 잘 표현하지 않는 편인데 아내한테 덜컥 약속을 해 버렸다. 이 덜컥 약속이 아내와 함께 첫 해외여행을 할 때까지 약간의 부담으로 다가왔다. 결혼 초기에는 살림살이에 대한 책임감으로 여행을 못 갔지만 워낙 여행을 좋아하기 때문에 어느 정도 정착이 된 후부터는 여행을 시작했다.

여행은 일상으로부터의 탈출과 새로운 문화와의 만남이라는 측면에서도 좋지만 무엇보다 나만의 시간을 가질 수 있어서 좋다. 여행을 하는 동안은 나 자신이 무중력의 세계에 빠져있는 것 같다.

여행을 갈 때 비행기를 타는 것과 출장을 갈 때 비행기를 타는 것은 준비할 때의 설렘부터 다르다. 나는 가능하면 여행하는 동안 나만의 시간을 갖도록 노력한다. 그래서 나는 단체여행보다 개인여행을 더 좋아한다.

여행은 두려움으로 시작해서 기쁨으로 끝나는 도전행위라고 했던가. 30년째 여행을 했지만 지금도 낯선 곳으로 간다는 것에 대한 두려움이 있다. 그러나 하루 이틀 날이 갈수록 두려움은 점점 사라지고 기쁨이 더해 간다. 여행은 참 알 수 없는 드라마인 것 같다.

여행의 추억

나는 처음에는 아내와의 약속을 지키기 위해 의무여행으로 시작했는데 지금은 내가 먼저 계획을 짜고 서두른다. 코로나 사태로 2년째 묶여있는 세월이 아쉽다.

나의 첫 해외여행지는 캐나다 로키지역 밴프였다. 당시에는 이 곳으로 가는 한인여행사가 없어서 코네티컷주에 있는 100년 역사의 토크 투어(Tauck Tour)라는 여행사로 갔는데 가격은 당시에도 상당히 비싼 편이었으나 서비스는 완벽해 모든 여행객들이 만족해했다. 특히 밴프 인근에 있는 레이크 루이스(Lake Louise)를 관광했을 때 호수와 인접한 페어몬트 호텔에 투숙했는데 벽의 전면이 유리로 돼있어 호수를 한눈에 볼 수 있는 전경을 지금도 잊을 수 없다.

나는 그 후 몇 차례 더 밴프를 여행하고 이 호텔에 투숙했는데 산천은 그대로인데 여행객들이 최소한 백배 이상 늘어난 것 같다.

아내는 특히 단풍 관광을 좋아해 미 동부의 버몬트로 자주 여행을 갔다. 우리는 단풍으로 둘러싸인 클래식한 분위기의 카페에서 갖가지 단풍 시럽(Maple Syrup)을 듬뿍 빵에 발라 먹기도 하고, 아내는 고운 단풍을 책갈피에 끼워 아들과 딸들에게 엽서를 보내기도 했다. 아내의 소녀 같은 모습의 기억들이 새롭다.

아내는 또 캐러비언 크루즈로 바하마 여행을 갔을 때 크루즈 내에서 있었던 골프 퍼팅 콘테스트에서 1등을 하고 트로피를 받아 나를 놀라게 했다. 아내는 프로 여행객인 것 같다.

나는 노르웨이의 환상적인 피요르드, 안데르센 동화 속 예쁜 공원의 코펜하겐, 예수님의 발자취를 찾아 떠나는 성지순례, 문화유산을 찾아 떠나는 이태리 피렌체와 아시시 등등을 잊을 수 없다. 여행은 우리의 다섯째 패밀리다.

나의 골프 버디들. 왼쪽부터 안병일 박사, 나, 박성훈 재능그룹 회장, 양용치 남성운송 회장. 골프도 같이 치고 1년에 한두 번 해외여행도 같이 하는 고등학교 친구들이다. 리비에라 컨트리 클럽 1번 홀을 배경으로 한 컷.

여행을 즐기는 제일 큰 방법은 여행을 위해 6개월에서 1년 전부터 미리 여행을 예약하는 것이다. 그러면 그동안 여행할 생각을 하면서 늘 아이처럼 들뜨고 행복감을 느끼게 된다. 나는 아내와 함께 유럽과 중국, 동남아시아, 중동, 이스라엘, 남미 등 지금까지 50여개 국가를 여행했다.

그리운 버디 들

지금도 서로 그리워하면서 가끔 통화하고 안부를 묻는 친구들은 중학교 동창 이구열(정신신경과 의사), 문만복, 김호용(현재 하이텍 회사 운영) 제군들이다. 모두 중학교 때부터 공부도 같이하고 같이 놀았던 어깨동무 친구들이다.

특히 김호용 회장은 내가 윌셔 은행 이사장으로 있을 때 윌셔 은행의 브라운 칼라와 로고를 희망의 푸른색으로 바꾸라며 적극적으로 추천한 장본인이다. 그 친구의 추천으로 윌셔 은행은 창립 후 15년 동안 사용했던 브라운 칼라를 바다와 하늘을 상징하는 푸른 칼라로 바꾸었는데 그 이후 거침없는 성장을 거듭했다.

친구 중 중학교 동창 강자영 군은 사업을 하던 중 소명(Calling)을 받고 목사가 돼 부산 금정동에서 제일 큰 순복음교회 원로목사로 있다가 얼마 전에 하나님 곁으로 갔다. 그리운 친구다. 부산고등학교 단짝이었던 최선영 군은 나의 베프(Best Friend)로 한국에서 교편을 잡다가 나보다 먼저 미국에 와서 록웰(Rockwell)사 수석 엔지니어로 이름을 날리고 은퇴, 최근 하나님 곁으로 갔다. 역시 그리운 친구다.

이밖에 고등학교 친구 박성훈(재능그룹 회장), 양용치(남성버스 운송회사 회장), 안병일(카이저 병원 마취과 의사) 등 제군들과는 지금도 골프를 치고 1년에 한두 번 같이 해외로 여행을 가는 여행버디(Travel Buddy)들이다.

다음 여행이 기다려진다.

Oak Quarry Golf Club

'엘 케피탄(El Capitan)' 탄성

은행에만 올인 하던 나는 2004년 처음으로 비즈니스 외도를 했다.

LA에서 자동차로 40분 거리에 있는 리버사이드 인근 오크 쿼리 골프 클럽(Oak Quarry Golf Club)을 매입한 것이다.

골프를 좋아하기는 하지만 은행과는 너무 다른 분야라 처음에 많이 망설였다. 그런데 코스를 보는 순간 망설이던 마음이 확 바뀌고 말았다. 58년 전 캠퍼스의 한 벤치에서 지금의 아내를 처음 만났을 때처럼 한눈에 반하고 말았다. 집이나 부동산을 살 때도 인연이 있다는 말을 실감했다.

클럽 하우스 발코니에 올라서니 거대한 화강암 절벽을 끼고 펼쳐진 푸른 초원은 자연과 인공의 하모니를 던져 주었고, 코스를 따라 수놓은 노란색 유채 꽃은 골프의 정원이었다. 지금까지 내가 봐 왔던 골프코스가 아니었다.

라운드를 해보니 한 홀 한 홀이 저마다의 특성을 뽐내고 있었으며 코스 옆에 널브러진 화강암 돌 조각들은 숱한 세월의 풍파를 견뎌낸 자연 그대로의 모습이었다. 높은 산과 깊은 호수, 다양한 야생화 그리고 골프코스의 필수조건인 용수시설까지 완벽했다.

골프 코스가 건설된 지 4년여 밖에 안 된 터라 아직 이곳저곳에 손 볼 것이 많았으나 쉽지도 어렵지도 않은 코스가 라운드를 거듭할수록 매력을 더했다.

유명 골프 매거진인 골프 다이제스트(Golf Digest)가 오크 쿼리의 특징인 깎아지른 듯한 바위 절벽이 요세미티의 엘 캐피탄과 흡사하다고 하여 오크 쿼리 골프코스를 '골프의 국립공원'으로 명명했던 이유를 실감케 했다. 캘리포니아주 시에라 네바다 산맥의 중심부에 위치해 있으며 미 서부 최대의 국립공원인 요세미티 국립공원의 상징과 같은 엘 케피탄은 수직 벽의 높이가 900m, 정상의 고도는 2,308m로 등반가들의 꿈의 암벽코스로 일컫는다.

클럽하우스를 리모델링하고 코스를 다듬으니 골프코스가 새로운 모습으로 다시 태어났다. 오크 쿼리를 떠났던 인근 리버사이드 주민들이 코스가 달라졌다는 소문이 나자 다시 찾아오기 시작했다. LA와 오렌지카운티 골퍼들의 발길도 이어졌다.

2013 National Course of the Year

오크 쿼리가 전국의 주목을 받기 시작한 것은 2008년 미 최대 골프 사이트중의 하나인 골프 링크스 닷 컴(Golflinks.com)에서 뽑은 '미 100대 골프코스'(Top 100 US Courses)에서 당당히 25위에 랭크되고 부터다. 이 전에도 여러 골프 매거진에서 '꼭 가봐야 할 골프 코스' '미 서부지역 탑 18 골프 코스' 등으로 수차례 선정된 적이 있지만 골프 링크스 닷 컴의 '미 100대 골프코스'의 25위에 랭크된 것은 골프코스로서는 대단한 영광이었다.

2013년에는 권위있는 골프협회인 '미 골프코스 소유주 협회'(NGCOA:National Golf Course Owner's Association)가 선정한 '2013 National Course of the Year'(미 최고의 골프코스)의 영광을 안았다. 이 상은 미국 내 2만 개가 넘는 골프코스를 대상으로 코스 퀄리티, 코스 관리능력, 커뮤니티 기여도, 주요 경기 유치 능력 등을 기준으로 선정하는데 골프코스 오너들이 인정하는 만큼 미국 내 최고 권위의 골프코스 상으로 평가되고 있다.

이밖에 2021년에는 유명 골프 매거진 골프 위크(Golf Week)가 선정한 캘리포니아주내 베스트 골프코스 26위, 골프 닷 컴(Golf.

오크 쿼리 골프 클럽의 시그너처 홀인 14번 홀 전경. 거대한 석회암 절벽과 깊은 자연호수, 녹색의 그린이 어울려 한 폭의 풍경화처럼 아름답다. 캘리포니아주 20대 파3 홀로 선정되는 등 골퍼들 사이에 잊을 수 없는 파3 홀(Unforgettable par 3 hole) 정평이 나있다.

com)이 선정한 '미 전국 탑 100 골프코스'에서 89위를 차지했다. LA 타임스는 '꼭 플레이해 봐야 할 탑10 코스'로 선정했고, 골프 다이제스트도 2010-2011 '플레이해 봐야 할 최고 코스'로 뽑았다,

시그너처 홀 #14

오크 쿼리 코스의 시그너처 홀은 미 전국에서도 이름난 14홀 파3이다. Spine Slide(구부러진 척추)로 명명된 이 홀은 블루

티 기준 195야드인데 플레이를 해 본 많은 사람들이 '평생 잊지 못할 홀'(Unforgettable par 3 hole)이라고 입을 모으고 있다.

골프 칼럼니스트들은 '티박스에서 바라보는 코스의 광경은 그린을 둘러싼 거대한 석회암 절벽과 그린 왼쪽의 깊은 자연호수가 어우러져 한 폭의 풍경화를 그려내고 있다'고 말했다.

이 같은 명성에 걸맞게 서든 캘리포니아 PGA 섹션 포 볼 챔피언십(2008-2011), SCGA 아마추어 네트 챔피언십(2004) 등 굵직굵직한 대회들이 이 곳에서 개최되기도 했다.

오크 쿼리에서 처음 플레이하는 골퍼들은 다소 고생을 하기도 한다. 한 골퍼는 "18홀 중 어떤 홀도 비슷한 모양이 없다. 저마다 독특한 디자인을 갖고 있어 몇 번 플레이 해보지 않으면 홀 공략이 쉽지 않은 도전 코스"라고 말했다. 또 어떤 골퍼는 "홀에서 다른 홀이 보이지 않아 홀을 옮길 때마다 '다음 홀은 어떻게 생겼을까' 하면서 미지의 세계로 들어가는 기분"이라고 말했다.

| Oak Quarry Awards |

- 2021년 6월15일 Golf Week), Best Course in California 26위
- 2021년 5월4일 Golf.com, Top 100 Golf Course 89위
- 2020년 8월19일 Golf Digest) Americas best 18 holes since 2000
- 2012년 Golf Destination Review, 'Best Course We Have Played'
- 2008년 Golflinks.com, Top 100 U.S. Course 25위
- 2008년 Golf link, Best Course in California 3위
- 2005년 Fairways & Greens Magazine, Top 18 Best course in California
- 2013년 California Course of the Year Award, by California Golf Course Owner's Association(CGCOA)
- 2013년 National Course of the Year, by National Golf Cour Owner's Association(NGCOA)
- 2007년 LA Times, Top 10 Must Play List
- Golf Digest 2010 & 2011, 4.5 Stars Rating/Best Places to Play
- Tee it Up-Press Enterprise, #1 Course in Inland Southern California
- ESPN & Zagat Survey 2004, Voted one of the Nation's Top Golf Facilities
- 2008년 John Deere, Top 18 Most Beautifully Brutal Holes in U.S.
- 2025년 SCGA(suthern California Golf Association), 10 Best Golf Courses in Southern California

성공의
길을 묻는
젊은이들에게

나에게 부자가 되는 길,

즉 부의 법칙을 묻는다면 절약과 투자다.

절약은 저축이며

투자는 복리의 힘을 믿고 인내하는 것이다.

부의 법칙

'가난은 죄'의 정의

수년 전 한국에서 캐서린 폰드 목사가 쓴 '부의 법칙'(THE DYNAMIC LAWS OF PROSPERITY: Forces that bring riches to you)이 란 책이 화제가 된 적이 있다.

'당신에게 부를 가져다주는 힘'이라는 부제가 붙은 이 책은 부를 열망하는 한국의 청장년층으로부터 큰 인기를 끌었다.

이 책은 '부자가 되고 싶은 욕망은 잘못된 욕망이 아니다. 인 간으로서 당연히 품어야 하는 욕망이며 오히려 가난은 죄'라고 갈파하고 있다. 이같은 부의 욕망을 실현하기 위해 '마음을 다 하여 생각하고 목표를 향해 열정적으로 노력하며 열망을 불태 우라'고 조언하고 있다.

그렇다.

나는 자본주의 시장경제 체제에 살고 있는 우리들이 갖는 부에 대한 열망은 당연한 것이라고 생각한다. 부는 결코 사치가 아니다. 모든 가난이 죄라고 할 수는 없지만 노력하지 않고 게으르거나 잘못된 소비로 가난을 탈출하지 못한다면 가난은 죄라고 밖에 할 수 없다.

나는 대학교나 단체에서 강연을 할 때 부에 대한 질문을 많이 받는다. 돈을 어떻게 벌었는가에서부터 주식, 부동산 투자 등에 대해 질문을 많이 받는다.

사실 자본주의 사회에서 부, 즉 돈은 성공의 한 축이기 때문에 부를 가볍게 여겨서는 안 된다. 결코 배금주의(拜金主義)를 말하는 것이 아니다. 돈의 속성을 빨리 파악해 재정적 압박으로부터 벗어나야 일에 집중할 수 있고 그래야 자신이 목표한 성공의 길로 매진할 수 있기 때문이다.

부의 법칙

나에게 부자가 되는 길, 즉 부의 법칙은 절약과 투자다. 절약은 저축이며 투자는 복리의 힘과 인내, 즉 기다림이다.

저축에 대해 이야기해 보자.

일본에서 세금을 가장 많이 내는 납세 1위의 부자 사이토 히토리는 샐러리맨들에게 월급의 60%를 저축하라고 조언한다. 저축하지 않고는 부자가 될 수 없다고 강조한다. 그러나 현실적으로 빛의 속도로 사라진다는 말이 있을 정도로 금방 나가는 샐러리맨의 월급에서 60%를 저축하기란 불가능하다. 그러나 20% 또는 30%라도 저축을 해 목돈마련에 도전해 보는 것이 좋다.

세계적인 베스트셀러 '마시멜로 이야기'에 나오는 이야기다. 스탠포드 대학원에서 4살짜리 어린이를 대상으로 조사를 실시했다. 4살짜리 어린이 앞에 마시멜로를 놓아주고 마시멜로를 먹어도 좋지만 15분 동안 먹지 않고 참는 사람에게는 마시멜로 1개를 더 준다고 했다. 가장 좋아하는 마시멜로를 눈앞에 둔 15분은 어린이들에게 15시간만큼 긴 시간이다.

10년 후 이 실험에 참여했던 어린이를 대상으로 조사해 보니 15분을 참고 마시멜로 2개를 받은 어린이들은 중간에 먹어치운 어린이들보다 학업성적이 훨씬 뛰어나고 친구관계도 좋으며 스트레스 관리도 잘하는 것으로 나타났다.

저축을 모르고 크는 미국인들에게는 생소할지 모르지만 어느 나라든 놀고 싶은 것 다 놀고, 쓰고 싶은 것 다 써가면서 부의 성공을 거둘 수는 없다. 저축을 해야 목돈이 생기고 그 목돈으로 기업에 투자하고 새로운 사업도 시작할 수 있기 때문이다.

목돈은 다음 단계로의 성장을 위한 자신감의 밑거름이 되고 자신의 미래를 결정하는 중요한 요소가 된다. 이처럼 목돈은 인생 성공을 위해 반드시 필요하다. 나는 천성적으로 사치할 줄 모르는 검소가 몸에 밴 사람이라고 자부한다. 사치의 기준이 모호하기는 하지만 살아오면서 최소한 남한테 보이기 위한 소비는 하지 않은 것 같다.

둘째는 투자다.

돈을 장롱 속에 가만히 놔두는 것은 게으른 자의 행위다.

성경의 달란트 비유에서도 땅에 묻어 놓고 수익을 내지 못한 종에게 '게으르고 무능한 종'이라고 말씀하셨다. 요즘 젊은이들 사이에 주식투자 열풍이 분다고 한다. 대부분의 대학생들이 주식투자를 한다는 뉴스도 읽은 적이 있다. 나는 주식투자 예찬론자는 아니지만 옹호론자다.

젊은이들이 주식투자에 관심을 갖는 것은 매우 바람직한 일이라고 생각한다. 왜냐하면 주식투자를 하게 되면 경제에 관심을 갖게 되고 경제에 관심을 가져야 부를 창출해 낼 수 있는 시야와 아이디어가 생기기 때문이다. 그러나 주식투자를 말하기 전에 꼭 짚고 넘어가야 할 것은 주식투자는 투기로 해서는 안 된다는 점이다. 주식투자를 투기로 생각하면 인생을 망치는 지름길이 될 수 있음을 명심해야 한다.

주식투자의 허와 실

투자와 투기의 차이를 한마디로 정의하기는 어렵다. 또 사람마다 그 차이를 설명하는 기준도 다르다. 그러나 나는 주식투자의 아버지라 불리는 벤자민 그레이엄의 '투자와 투기의 차이는 원금이 보장되는가 아닌가이다' 라는 말에 전적으로 동의한다.

그레이엄은 투자행위는 시간이 걸리더라도 투자기업의 가치를 철저히 분석해 투자 원금의 안전성과 적당한 수익이 보장되는 것을 말한다고 정의했다. 이 조건들을 충족하지 못하는 것은 모두 투기행위라고 말했다. 투기는 기업의 가치 분석 없이 다른 사람의 말과 막연한 희망을 토대로 원금을 보장받지 못하더라도 고수익을 추구하는 것이라고 할 수 있다.

그러므로 주식투자는 투기열풍이라는 바람을 타서는 안된다. 바람을 타게 되면 자신의 여유 돈이 아닌 남의 돈을 빌려 투자하게 되는데 그것은 바로 패망으로 연결된다. 투자에서 가장 경계해야 할 것 중의 하나가 바로 남의 돈을 빌려서 투자하는 것이다.

주식투자는 그 기업의 주인이 되는 것

주식투자는 투자하는 기업의 주주, 즉 주인이 되는 것이다. 즉 소중한 경제행위다. 그러므로 투자할 기업을 공부하고 알아야 한다. 그 기업을 알고 난 후 그 기업의 실적이 좋고 장래도 유망한 기업이라고 확신이 서면 그때 자금을 투자하고 그 기업이 성장할 때까지 기다리는 것이다. 주식투자를 장기적으로 투자해야 하는 이유다.

어떤 사람은 주식을 산 후 한 달 만에 또는 1년 만에 팔아버린다. 그러면 일시적으로 수익을 챙길 수도 있으나 반복하면 반드시 손해를 보게 된다. 그렇게 단시일에 성장하는 기업은 없기 때문이다.

복리의 힘(Power of Compounding)

투자를 해야 하는 이유는 복리의 힘 때문이다. 복리의 힘은 우리가 돈을 벌수 있도록 해주는 마법이다. 20세기 최고의 물리학자 아인슈타인도 "가장 무서운 것은 핵폭탄이 아니라 복리"이며 "복리는 세계 8대 불가사의의 하나"라고 말했다고 전해진다.

나의 롤 모델이며 세계 최고 투자가인 워렌 버핏은 "나의 부는 세 가지에서 비롯됐다. 첫째는 미국에 사는 것, 둘째는 운 좋은 유전자를 갖고 태어난 것, 셋째는 복리이다."(My wealth has come from a combination of living in America, some lucky gene, and compound interest.) 라고 말했다. 이처럼 세계 최고 부자 워렛 버핏도 복리가 자신의 부의 원천임을 고백하고 있다.

복리의 힘은 부동산 투자, 기업투자, 주식투자 등 모든 투자에 적용된다. 부동산 투자에 있어서 복리의 힘을 살펴보자.

부동산 가격이 결정되는 요인은 수요와 공급, 금리, 정부의 정책, 경기 등 다양하다. 그러나 이러한 외부적 요인의 동일성을 전제로 부동산 그 자체의 가치는 상업용 부동산의 경우 임대 수익에 따라 결정된다. 사무실 임대가격은 미국의 경우 대부분 매년 연평균 물가상승률(CPI)에 맞춰 올라간다. 예를 들면 연평균 CPI 지수 3%로 매년 임대가격이 올라가면 건물의 가치도 올라가게 돼 외부적 요인을 계산하지 않더라도 건물의 가치 자체만으로도 3%의 복리 효과를 볼 수 있다.

기업들도 마찬가지다. A, B 두 기업이 있다. A기업은 매년 수익을 배당금으로 지급하고, B기업은 배당금을 지급하지 않고 수익을 복리 또는 신기술에 재투자한다고 가정해 보자.

10년, 20년 후에 어떤 기업이 더 큰 회사로 성장해 있고 주주들이 더 많은 돈을 벌었을까. 두말할 것 없이 B기업이다. B기업의 주가가 그동안 지급한 A기업의 배당금보다 백배, 천배 더 올라가 있을지 모른다.

복리의 힘을 가장 실감할 수 있는 것은 주식투자다.

젊은 사람들은 이론적으로는 복리의 힘을 알지만 직접 체험하지 못했기 때문에 복리의 힘을 잘 믿지 못한다.

복리는 원금에 이자가 붙고 이자가 붙은 원금에 다시 이자가 붙는 구조다. 그러니 돈이 불어나는 속도가 빠르고 기간이 길수록 더 크게 불어나는 원리다. 이해를 돕기 위해 10만 달러를 복리로 투자했을 경우의 예를 들어보자.

	4%	8%	16%
10 Years	$ 148,024	$ 215,892	$ 441,143
20 Years	$ 219,111	$ 466,094	$ 1,946,060
30 Years	$ 324,337	$ 1,006,260	$ 8,584,940

표에서 보는 바와 같이 10만 달러를 복리로 투자했을 경우 이 자가 8%라 하더라도 30년 후에는 100만 달러가 넘는다.

만약 누군가 30대에 10만 달러를 8%의 복리에 투자해 놓고 가만히 있어도 은퇴할 나이인 60대에는 100만 달러를 손에 쥐게 된다. 만약에 16%라면 무려 8백58만 달러가 넘는다.

16%의 수익률이 불가능한 것은 아니다. 워렌 버핏은 지난 58년 동안 투자를 했는데 그의 연 평균 수익률은 22%였다.

나는 제레미 밀러가 쓴 '워렌 버핏의 투자의 기본원칙'(Warren Buffett's Ground Rule)을 여러 번 읽었다. 이 책에 이런 내용이 나온다. '만약 1956년도에 버핏이 이발을 한 번 안 하고 이발요금 10달러를 자기회사 연평균 수익률 22% 복리로 투자했다면 지금은 100만 달러가 넘었을 것이다'⟨p.18⟩

이 책은 또 많은 사람들이 근시안적이거나 참을성이 없어서 복리가 제공하는 혜택을 충분히 이용하지 못한다고 지적하고 있다.

스노우볼(Snowball) 이론

복리에 있어서 중요한 요소 중의 하나는 기간이다. 기간이 길

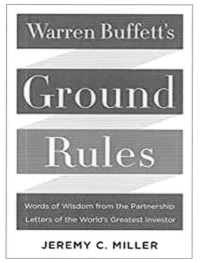

주식투자 분석가 제레미 밀러가 쓴 워렌 버핏의 투자의 기본원칙. 투자가들이 꼭 읽어야 할 투자 필독서로 꼽힌다.

수록 복리의 힘은 더 크게 발휘한다. 워렌 버핏도 투자를 잘하는 것 못지않게 기간이 중요하다고 강조한다. 단기 투자로는 복리의 혜택을 볼 수 없다. 위의 도표에서 10만 달러를 8%로 투자하면 10년 후에는 21만5.892달러이나, 30년 후에는 1백만6,260달러가 된다. 기간은 3배이나 액수는 4.7배로 늘어난 것을 알 수 있다.

버핏은 "복리는 언덕에서 눈덩이(snowball)를 굴리는 것과 같다. 작은 덩어리로 시작해서 눈덩이를 굴리다보면 끝에 가서는 정말 큰 눈덩이가 된다"고 했다. 바로 스노우볼 이론이다. 처음에는 보잘 것 없던 원금이었는데 이자에 이자가 붙어 나중에는 눈덩이처럼 커진다는 이론이다. 버핏은 14살 때 신문팔이로 번 돈을 주식에 투자해 복리의 힘과 스노우볼 이론으로 오늘날 세계 최고의 부자로 존경받는 투자가가 됐다.

성공한 사람들은 목표가 있다

살아 있는 삶과 죽어 있는 삶

'우리의 불행은 별에 이를 수 없다는 것이 아니라, 이를 수 없는 별을 갖고 있지 않다는 것이다' '삶의 가장 큰 상실은 죽음이 아니다. 가장 큰 상실은 우리가 살아있는 동안 우리 안에서 어떤 것이 죽어 버리는 것이다' 유명한 정신과 의사이자 심리학자인 엘리자베스 퀴블러 로스가 우리에게 던져주는 교훈이다.

그렇다.

목표가 없는 삶은 불행이며, 목표가 없는 삶은 삶속에 어떤 것이 죽어 있는 것이다. 나의 20대 목표는 조국의 무역입국에 일조하는 무역인이었고, 30대 목표는 미국 최대 은행을 만들어 차세대 한인들에게 물려주는 것이었으며 마지막 목표는 자선사업

연세대학교 경영대학 객원교수로 강의를 할 때 강의실에 모인 학생들. 경영대학 강당이 꽉 찰 정도로 학생들이 모여들었다.

가라는 명함을 갖는 것이었다.

목표가 없는 삶은 도달할 목적지 없이 항해하는 것과 다를 바 없다. 그러면 왜 목표를 세우지 않는가. 우리가 목표를 세우지 않는 이유는 목표를 달성하지 못하는 것에 대한 두려움 때문이다. 목표는 자신과의 약속이다. 목표를 달성하는 것은 자신과의 약속을 지키는 것이다. 사람들은 약속을 지키지 못할 것이라는 두려움 때문에 아예 목표를 세우지 않는 것이다.

목표가 구체적이고 분명하면 목표를 향해 나아가는 과정에서 집중력을 발휘할 수 있고 험난하고 어려운 일을 당했을 때 인내하는 힘이 강해진다. 그러나 목표가 분명하지 않으면 작은 어려움을 만나도 쉽게 포기하고 만다. 이처럼 목표를 세우는 것과 안 세우는 것과는 하늘과 땅 차이다.

나는 무역인으로 일할 때도, 금융인으로 일할 때도, 자선재단을 설립할 때도 언제나 나의 목표를 생각했다. 목표를 달성하느냐 못 하느냐는 문제가 아니다. 목표를 향해 최선을 다했느냐 안 했느냐의 문제다.

'진인사대천명'(盡人事待天命)이라고 했다. 최선을 다한 후 하늘의 뜻을 기다리면 된다.

하버드 MBA 목표 조사

목표를 세우느냐 세우지 않느냐의 차이를 보여주는 대표적인 예 중의 하나가 지난 1979년 하버드대 MBA 과정 학생들을 대상으로 실시한 목표에 관한 설문조사다.

이 조사에 따르면 목표를 가지고 있느냐는 질문에 ▲인생의 목표를 구체적으로 글로 쓰고 보면서 행동한다(3%) ▲몇 가지 목표를 마음속에 간직하고 있다(10%) ▲목표가 희미하다(60%) ▲목표가 없다(27%)로 나타났다.

10년이 지난 후 이 조사에 응답한 사람을 대상으로 조사해보니 인생의 목표를 구체적으로 세웠던 3% 그룹은 사회 각계각층의 중요한 인물이 돼 나머지 97%보다 10배가 많은 월급을 받고 있었고, 목표를 마음속에 가지고 있었거나 목표가 희미했던

70%그룹은 사회에 대해 불평불만을 하면서 그럭저럭 살아가고 있었다.

목표를 세운다고 해서 모두 달성되는 것은 아니다. 삶이란 어떤 목표를 향해 나가는 과정이다. 그 과정에 노력과 열정, 헌신을 녹여주는 것이 아름다운 삶이다.

보험 왕 폴 마이어 목표

분명한 목표를 세우고 달성한 예를 하나 더 살펴보자.

자기개발 창시자인 억만장자 보험 왕 폴 마이어(Paul J. Meyer)는 젊은 시절 보험회사의 취업에 무려 57번이나 떨어진 끝에 겨우 취직을 했다. 그러나 그는 그 회사에서도 3주 만에 해고됐다. 이후 천신만고 끝에 다시 한 보험회사의 영업사원이 됐다.

그는 출근하자마자 책상 위에 '매출 100만 달러 목표'라고 써서 붙여놓았다. 이를 본 회사 직원들은 '매출 100만 달러?'

마이어가 정신이 돌았거나 성격이 이상하다고 생각했다. 당시로서는 엄청난 금액인 100만 달러를 신입사원이 해낼 것이라고 상상도 할 수 없었기 때문이다. 그러나 마이어는 누구보다 일찍 출근하고 목표 달성을 위해 열정을 불살랐다.

몇 달이 지나도 실적도 못 올리고 절망적이었으나 마이어는 포기하지 않았다. 바쁘다는 핑계로 만나 주지 않는 사장들이 많았지만 그는 특유의 끈기와 친근함으로 그들을 공략했다. 9개월이 지나자 그의 월수입은 3천 달러를 넘어섰고 서서히 희망의 빛이 보이기 시작했다.

그 회사에 입사한 지 1년 만에 기적같이 목표액 100만 달러를 달성했다. 그것은 그 회사가 30년 간 깨지 못한 세일즈 기록이었다. 그의 나이 27세. 마이어는 그 다음해 400만 달러의 계약을 달성하는 경이적인 기록을 세우며 백만장자 대열에 서게 됐다.

폴 마이어는 자신이 생각한 대로 생생하게 상상하고, 간절하게 소망하고, 진정으로 믿으며, 그리고 열정적으로 실천했다.

작은 목표라도 목표는 있어야 한다.

모든 샐러리맨들이 CEO가 될 수는 없다. 현재에 충실하면서 작은 목표를 세우고 차근차근 그 목표를 달성하다 보면 어느새 그 자리에 있음을 알게 된다. 그것이 바로 성공의 비밀이다.

요즘 젊은 세대가 추구하고 있는 욜로(YOLO·You Only Live Once)와 워라벨(Work and Life Balance)도 나름대로 목표를 세워야 그 멋을 즐길 수 있다.

목표가 없으면 자칫 무기력증에 빠지기 쉽다. 주말마다 음악회를 가겠다든지, 전시회를 간다든지, 근처에 있는 산을 모두 정복하겠다든지 구체적인 목표를 세워야 행복한 욜로 라이프를 즐길 수 있다.

큰 목표든 작은 목표든 목표를 세워라.

도전, 도전하라

Hemingway never ate here

스페인의 수도 마드리드에 1725년에 만들어진 세계에서 제일 오래된 식당 중의 하나인 보틴이라는 식당에 간 적이 있다. 이 식당은 노벨문학상의 소설가 어네스트 헤밍웨이(Ernest Hemingway)가 자주 왔다하여 유명하다. 헤밍웨이는 1936년에서 1939년까지 벌어진 스페인 내전 당시 종군기자로 자원해 스페인에 머무른 적이 있다. 이때 스페인 내전의 체험을 바탕으로 쓴 소설이 유명한 '누구를 위하여 종을 울리나' 이다.

이렇게 유명한 식당 주위에는 보통 다른 식당이 기가 죽어 감히 오픈하지 못한다. 그런데 나는 바로 옆집에 있는 작은 식당에 손님이 줄을 서서 기다리는 등 오히려 손님이 더 많은 것을 보았다.

자세히 보니 그 식당 간판 밑에는 'Hemingway never ate here'(헤밍웨이가 여기서는 한 번도 식사하지 않았다)라는 문구가 붙어 있었다. 그야말로 대반전이었다. 충분히 사람들의 관심을 끄는 자신감 있는 전략이 아닌가. 식당주인의 용기와 빛나는 아이디어를 보여주는 좋은 예라고 생각한다.

40년 넘게 사업을 하면서 평소 중요하게 생각하는 좌우명들이 여럿 있는데 그중 하나가 용기다. 아무리 좋은 아이디어가 있어도 용기를 내 도전하지 않는다면 아무 소용이 없다. 크리스토퍼 콜럼버스가 아메리카 신대륙을 발견한 것도 용기를 갖고 도전했기 때문이다.

용기는 목표를 향한 굳은 신념에서 나온다. 그렇기 때문에 자신의 목표를 향한 굳은 신념이 필요하다. 항상 긍정적인 신념을 갖고 세상을 밝게 바라보면서 나아가야 사업도 성공한다.

도전하지 않으면 혁신도 발전도 없다. 먼 인생길에 한두 번의 실패를 두려워해서는 안 된다. 한 번 실패한다고 해서 인생에 실패하는 것은 결코 아니다. 오히려 처음부터 실패하지 않고 승승장구하는 사람이 더 위험하다. 이율곡 선생도 인생 3대 비극중의 하나가 초년 출세라 하지 않았는가.

많은 사람들이 용기를 전진으로만 생각하는데 진정한 용기는 패배를 부끄러워하지 않는 것이다. 싸워서 이기는 것만이 능사가 아니다. 오늘 한 번 패배했다고 인생에 패배한 것이 아니다.

처음부터 완전한 사람은 없다. 부족하면 배워라.

자신보다 실력이 더 좋은 사람이 있으면 질투하지 말고 그로부터 배워서 실력을 키우면 된다. 반성도 용기다. 자신의 잘못을 반성하고 자신의 실패를 반성해야 성공의 길이 열린다. 반성하지 않고 고집만 부려서 성공할 수는 없다.

실패는 성공의 어머니

누구나 어릴 때부터 '실패는 성공의 어머니'라는 말을 많이 들었다. 수많은 좌절과 실패 끝에 성공이라는 열매를 얻게 되기 때문이다. 미국의 투자가들 사이에 전해지는 말이 있다.

실리콘 밸리의 창업회사에 투자하려면 실패의 경험이 없는 창업회사에는 투자하지 말라는 것이다. 실패를 해 본 경험이 있는 창업회사가 성공할 확률이 높다는 것이다. 구글, 페이스 북, 아마존, 애플 모두 초창기 실패를 딛고 일어난 기업들이다.

많은 사람들이 변화와 도전을 두려워하는 것은 미래가 불확실하기 때문에 변화를 무서워하고 안주하고 싶어 하기 때문이다. 그러나 도전이 없다면 발전도 없는 법이다. 다만 도전하고 성공하기 위해서는 힘과 노력을 쏟아 부어야 한다. 많은 이민 1세들이 아메리칸 드림을 이루었는데 그들의 성공 뒤에는 피눈물 나는 노력과 성실이 있었기 때문이다.

젊음은 최고의 특권이다. 젊음은 기회와 도전과 실패할 특권을 동시에 준다. 옛말에 '젊어서 하는 고생은 사서도 한다'는 말이 있다. 이 말은 곧 젊음은 고생과 좌절을 통해 배우고 성장하게 된다는 말이다.

내가 철강사업을 시작하고 은행에 뛰어 든 것도 30대에 있었던 일이다. 잘 나가던 철강사업에 안주하여 은행에 도전하지 않았다면 오늘날 금융인 고석화는 없었을 것이다.

세상에는 3가지 타입의 사람이 있다.

첫째는 처음부터 포기하고 도전하지 않는 사람. 둘째는 생각만 하고 실행하지 않는 사람. 셋째는 내 안의 더 큰 나를 찾아서 멈추지 않고 도전하는 사람이다.

여러분은 어떤 사람인가.

1958년 세계 최초로 인스턴트 라면을 발명한 안도 모모후쿠 일본 닛신 식품 회장의 역전 성공 스토리다.

대만에서 태어난 모모후쿠는 일본으로 건너가 제염업을 시작으로 식품업에 뛰어들어 성공을 거두었다. 그러나 얼마 안되서 투자한 신용조합이 도산하는 바람에 전 재산을 잃고 말았다.

그러던 어느 날 추운 겨울 라면 집 앞을 지나는데 사람들이 줄을 서서 차례를 기다리고 있는 것을 보았다. 그래서 추운 겨울에 밖에서 줄을 서지 않고 간편하게 라면을 먹을 수 있는 방법이 없을까 생각하다가 인스턴트 컵 라면을 개발하게 됐다. 그는 세계 최초의 인스턴트 라면인 치킨 라면과 컵 누들을 만들어 일본 음식문화에 일대 혁명을 일으키고 세계 음식 문화를 바꾸어 놓았다. 실패 속에서도 좌절하지 않고 성공한 교훈이다.

신용은 정직과 희생

내가 가장 중요하게 생각하는 좌우명 중의 하나가 신용이다.

신용은 성공의 필수 불가결한 요소다. 신용 없이 성공한 사람을 본 적이 없다. 성공한 사람들은 신용을 목숨같이 여긴다. 신용이 성공의 요소가 되는 것은 이 세상에 어떤 것도 혼자서는 이룰 수 없기 때문이다. 아무리 용기를 갖고 도전하더라도 다른 사람의 도움 없이 성공할 수 없다. 공장을 설립하려면 자금이 있어야 하는데 이 자금을 위해서는 은행이나 투자가 필요하고, 좋은 제품을 생산하더라도 거래처와 고객이 있어야 한다. 결국 남의 도움을 받아야한다. 다른 사람의 도움은 바로 신용이라는 토대 위에서 이루어진다.

나는 신용은 정직과 희생이라고 생각한다.

잘못을 일시적으로 모면하기 위해 거짓말을 한다거나 변명하고 핑계를 댄다면 절대 신용을 쌓을 수 없다. 잘못을 인정해야 다음에 같은 잘못을 저지르지 않는다.

일본인들의 정직은 유명하다. 정직은 그 나라의 문화에서 형성되는 경우가 많은데 일본은 기업의 성공보다 가업(家業)의 성공을 중요시 한다. 규모가 큰 식당도 유명하지만 규모는 작지만 오래된 식당을 더 높게 평가한다. 물건의 값어치보다 누가 그 물건을 만들었느냐를 더 중요하게 생각한다.

그렇기 때문에 많은 물건을 만들려고 하는 것이 아니라 하나의 물건이라도 정직하게 쓸모 있게 만들려고 한다. 유명하거나 대단한 기술이 아니더라도 맡은 일을 정직하고 성실하게 해내는 사람을 일본에서는 '쇼쿠닌'(職人)이라고 한다. 우리가 일본제품을 믿고 쓰는 이유가 바로 이 '쇼쿠닌' 정신 때문이다.

일본인들의 신용은 상상을 초월한다.

철강사업을 할 때 일본 기업들과 거래를 했는데 일본기업들의 신용은 얄미울 정도로 철저하다. 나는 오랫동안 마루베니 상사, 미쓰비시 물산 등 일본 기업들과 거래를 했는데 한 번의 실수를 찾아 볼 수 없었다. 금액 지불에서부터 선적, 납품, 품질에 이르기 까지 놀랄 정도로 완벽하다.

나도 성격상 완벽주의자라 신용을 철저히 잘 지키는 편인데 그들의 신용은 나보다 한 수 위인 것 같았다. 그들과 한번 약속을 하면 더 이상 신경을 쓰지 않아도 된다. 오히려 내가 약속을 못 지킬까 봐 신경을 쓸 정도였다.

약속을 목숨처럼 여겨라

성공한 기업인들 사이에 무언의 약속이 있다. 바로 약속을 지키지 않는 사람과는 거래도 하지 말고 사귀지도 말라는 것이다. 아무리 사소한 약속이라도 약속은 약속이다. 약속을 지키는 것은 자신뿐만 아니라 상대방에 대한 존중이며 배려다.

내가 신용을 바탕으로 거래하는 기업 중에 Mass-Hansen Steel Corp.과 Rolled Steel Corp.이라는 철강회사가 있었다. 그 회사는 수십 년째 통상적인 신용장 개설 없이 주문서(Purchase Order)로만 수백만 달러의 금액이 왔다 갔다 했다. 서로 믿기 때문이다.

45년 전 철강사업 초기에 있었던 일이다.

한번은 한국 제조사에서 중동으로 수출하기로 했던 철강이 취소돼 물량이 많이 남아 있으니 미주에서 처리해 달라는 연락이 왔다. 가격은 톤당 10달러를 할인해 줄 테니 빨리 판매하라는 것이었다.

생각해보니 그 정도의 물량을 구입할 수 있는 회사는 Mass-Hansen 밖에 없었다. 그런데 문제는 불과 한 달 전에 똑같은 철강을 그보다 높은 가격에 납품했기 때문에 바로 할인된 가격을 줄 수가 없었다. 그래서 나는 전후 사정을 설명하고 한 달 전에 이미 판매한 철강 값도 10달러를 할인해 줄 테니 앞당겨 물건을 구입하라고 말했다.

문제는 근처에 있는 Rolled Steel이 한 달 전 계약에서 더 많은 양을 구입했는데 결과적으로 Mass-Hansen보다 더 높은 가격에 구매하는 결과가 되어 버렸다.

나는 마음이 불편해서 자발적으로 지난번에 판매했던 가격에서 톤당 10달러를 타사와 같이 할인해 주겠다고 했더니 두 회사 모두 "물건을 구하기 힘든 이런 셀러 마켓(Seller's Market) 상황에서 당신 같은 사람은 비즈니스를 오래하면서 처음"이라며 놀라워했다.

그때 내가 만약 사실대로 이야기하지 않고 거짓말을 했거나 몇 개월 전에 판매한 가격을 회사가 다르다고 할인해 주지 않고 그대로 받았다면 어땠을까. 필요에 의해서 할 수 없이 제품을 구매했겠지만 나에 대한 신뢰는 좋지 않았을 것이다. 그때에 쌓은 신용으로 우리는 서로 믿고 지난 45년간 신용 거래를 계속해왔다.

정직과 희생 없는 신용은 없다.

일본에서 배운 것

1965년 한일협정 반대 데모로 계엄령이 선포되고 무장군인들이 캠퍼스를 에워싸던 때였다. 하루는 지도교수가 불러 갔더니 다짜고짜로 일본 연수를 다녀오라고 하였다. 나는 당시 경영학과의 과대표를 맡고 있었고 정부의 한일협정 반대 데모에 앞장

나는 해외 출장 때는 거의 빠짐없이 현지의 단체, 대학교의 초청으로 강연을 했다. 단체 강연에서는 서비스 정신을, 대학교 강연에서는 도전과 인내, 열정이 강연의 주제였다.

서고 있었는데 일본 연수를 가라니 어이가 없었다.

나는 "지금이 한가하게 일본 연수를 갈 때냐"며 일언지하에 거절했다. 그런데 교수님은 "어리석게도 하나는 알고 둘은 모른다"며 "데모할 사람은 너 말고도 많다. 호랑이를 잡으려면 호랑이 굴로 들어가라"며 당장 준비하라고 했다.

연세대학교의 자매 학교인 일본 ICU(국제 크리스천 대학교, International Christian University)와의 교환학생 프로그램이었다. 지도 교수로부터 떠밀려 간 일본 연수는 내 삶을 완전히 바꾸어 놓았고 세계를 보는 나의 시야를 흔들었다.

일본은 야비한 침략국가로만 생각하고 얕보았던 나라의 모습이 아니었다. 내 생각이 어리석었고 두려움마저 느꼈다. 내가 본 일본의 첫 인상은 지금도 잊혀지지 않는다. 가는 곳마다 깨끗했고 단정했다. 미국처럼 곧게 뻗은 거리는 아니었으나 꼬불 꼬불한 골목 어디를 가도 정리 정돈이 잘 돼 있었다. 어떻게 이렇게 깨끗한 거리, 깨끗한 동네를 만들 수 있는지 놀라웠다. 주변이 깨끗해야 마음이 깨끗해지고, 마음이 깨끗해야 신용도 생기는 것이다.

일본인들의 신용이 바로 깨끗한 주변에서 나온 것 같다. 또한 일본인들은 친절했고 겸손했다. 말이 안 통하는 나에게도 모두가 친절했다.

미쓰비시 중공업 공장을 방문했을 때다. 처음 본 어마어마한 공장 시설에 놀랐으나 더욱 놀라운 것은 같이 간 10여 명의 대학생들에게 그들이 베푸는 정성과 호의였다.

50대로 보이는 나이 지긋한 간부가 나오더니 젊은 학생들에게 90도로 허리 굽혀 인사하는 것도 놀라웠고 학생들이 궁금해 하는 것들을 하나둘씩 자세히 설명해 주는 성의 있고 겸손한 모습은 나에게 큰 감명을 주었다.

그 관계자는 전쟁과 같은 유사시에는 모든 산업시설을 무기 생산 공장으로 전환할 수 있도록 설계됐다고 말했다. 그 관계자는 언제든지 미국과 유럽 등 선진국으로부터 첨단기술을 받아들이는 열린 마음이 있다고 말했다. 나는 "한국이 일본을 따라

잡기에는 많은 시간이 걸릴 것"이라는 생각과 함께 두려움도 동시에 생겼다.

조센징? 재일 동포의 서러움

주말에 일본 친구와 도쿄 지하철역을 지나가고 있었다. 복잡한 지하철역에서 역무원이 어떤 사람에게 큰 소리로 혼을 내고 있었고 그 사람은 연신 어쩔 줄 모르는 표정을 지었다. "무엇을 잘못 해서 저렇게 혼이 날까"하고 돌아서는 순간, 역무원의 입에서 '조센징' 하는 소리가 내 귓전을 때렸다. 나는 반사적으로 가던 발걸음을 멈추고 그 역무원으로 다가갔다. 나는 그 역무원에게 "그는 조센징이 아니라 한국인이다. 당장 사과하라"(He is Korean, not 조센징, Apologize to him now)고 영어로 소리쳤다. 역무원이 무슨 말인지 못 알아들어 옆에 있는 일본 친구에게 통역을 시켜 "사과하라"하라고 소리쳤다.

나는 울분이 치밀어 올라 참을 수 없었다. 당시 일본에 사는 한국인들의 서러움이 단적으로 나타난 현장이었다. 그때를 생각하면 지금도 울분이 치밀어 오른다.

해외에 사는 한인들이 현지인들에게 무시당하지 않으려면 고국도 잘 살아야하지만 해외에서도 한인들이 경제력과 정치력을 키워야 한다는 것을 처음 느꼈다.

인내는 성공의 기술이다

두견새 이야기

대망과 삼국지는 한국인들의 필독서라 할 만큼 인기가 높다. 나는 36권의 대망을 10번 정도는 읽은 것 같다. 대망은 원제목인 '도쿠가와 이에야스'를 주인공으로 16세기 일본 전국시대를 무대로 펼쳐지는 숱한 장수들의 흥망성쇠를 다루고 있는 실화에 바탕을 둔 소설이다. 삼국지는 중국의 2세기~3세기 말의 후한 말기와 삼국시대를 배경으로 벌어지는 전쟁 역사소설로 유비, 관우, 장비, 조조 등 걸출한 영웅들의 지혜와 용맹을 다룬 소설이다.

읽는 사람에 따라 다르지만 일본을 싫어하는 한국인의 정서를 배제하고 생각할 때 역사적 사실적 측면에서 나는 삼국지보다 대망에 점수를 더 주는 편이다.

우리가 잘 알고 있는 '울지 않는 두견새' 이야기는 대망에 나오는 세 장수인 오다 노부나가, 도요토미 히데요시, 도쿠가와 이에야스의 리더십을 구분하는 데 자주 인용된다.

그 내용은 오다 노부나가는 '울지 않는 두견새는 죽여 버린다' 도요토미 히데요시는 '두견새가 울지 않으면 울게 만든다'이며 도쿠가와 이에야스는 '두견새가 울 때까지 기다린다' 이다.

도쿠가와 이에야스의 인내

내가 대망으로부터 감명 받은 것 중의 하나는 도쿠가와 이에야스의 두견새가 울 때까지 기다리는 기다림 즉 인내의 교훈이다.

일본의 전국시대를 평정하여 천하통일을 이룩한 최후 승리자는 바로 허를 찌르는 용맹의 소유자 오다 노부나가도 아니고 책략의 대가 도요토미 히데요시도 아니다. 온갖 수모와 어려움을 극복하고 인내를 거듭하며 때를 기다린 '도쿠가와 이에야스' 다.

도쿠가와 이에야스는 8살 때 아버지를 여의고 가문을 지배하던 요시모도 세력의 볼모가 되어 온갖 굴욕을 참고 견디는 인고의 삶을 살아왔다. 그는 아무리 배가 고파도 구걸하거나 슬퍼하지 않고 얼굴에 웃음을 잃지 않았으며 오다 노부나가의 의심으로 사랑하는 부하의 목을 베는 아픔도 참고 견뎠다.

또한 '혼노사의 정변'으로 노부나가가 죽은 후 여러 가지 상

나의 어릴 적 취미는 독서였다. 삶의 많은 부분이 책을 통한 간접 경험으로 채워진 것 같다. 지금 내 서재에는 약 1천500권의 책이 있다.

황으로 볼 때 자신이 후계자가 돼야 하지만 도요토미 히데요시에게 선수를 빼앗겨 히데요시 밑으로 들어갔다.

그는 변덕스러운 히데요시 밑에서 온갖 수모를 겪었다.

이같은 인내의 세월 끝에 히데요시가 죽자 이에야스는 저절로 대업을 이어받아 에도막부를 설치하고 300년 태평세월의 기틀을 마련했다.

도쿠가와 이에야스가 인내하지 않고 히데요시에게 반기를 들었다면 피비린내 나는 전쟁 속에 300년 태평세월은 없었을 지도 모른다.

도쿠가와 이에야스의 유훈으로 전해지는 글 -인생은 무거운 짐을 지고 먼 길을 가는 것-이라는 글귀는 많은 사람들에 알려진 글이다.

서두르지 마라.
무슨 일이든 내 마음대로 되는 게 아니란 걸 알게 되면
불만은 사라진다.
마음에 욕망이 생기거든 가난할 때를 생각하라.
인내는 무사장구(無事長久)의 근원이요
노여움은 적이라 생각하라.
이기는 것만 알고 지는 일을 모르면
해로움이 그 몸에 미치게 된다.
자신을 탓할지언정 남을 탓하지 말라.
미치지 못함은 지나침보다 낫다.
풀잎 위의 이슬도 무거우면 떨어지게 마련이다.

한신의 과하지욕(胯下之辱)

인내의 교훈은 삼국지 한나라의 제후 한신의 과하지욕(胯下之辱)의 교훈을 빼 놓을 수 없다. 가난한 집안에서 자란 한신은 지략이 뛰어나고 용맹했지만 평범한 젊은 시절을 보냈다.
그러던 어느 날 한신이 한 동네를 지나가고 있는데 그 동네의

불량배가 한신에 시비를 걸어왔다. 이 동네를 지나가려면 그 불량배의 가랑이 밑을 기어 지나가라는 것이었다. 한신은 그 불량배를 단칼에 해 치울 수도 있었지만 자존심을 죽이고 불량배의 가랑이 밑을 기어지나가는 치욕을 당했다.

바로 '과하지욕'이다. 불량배에게 자존심을 세우기 위해 살인을 한다면 법에 따라 참혹한 형벌을 피할 수 없고 큰 뜻을 이룰 수도 없었기 때문에 참은 것이다. 작은 화를 다스리고 결국 천하통일을 이룩한 한신의 인내가 주는 교훈이다.

굳이 500년 전, 2천여 년 전의 교훈을 들지 않더라도 현대에도 인내에 인내를 거듭해 지도자의 반열에 오르거나 사업에 성공한 기업인들이 얼마든지 있다.

토머스 에디슨은 99번의 실패 후에 전구를 발명했으며 현대 정주영 회장은 오직 거북선 모형 하나만을 들고, 모든 사람이 대출받지 못할 것이라는 예상을 깨고 영국 은행을 설득하여 자금을 받아내고 오늘날 한국을 조선강국으로 만드는 기틀을 닦았다.

인내하지 않고 성공한 사람은 없다.

나는 전 재산을 윌셔 은행에 올인했다. 내가 윌셔 은행에 있는 동안 감독국으로부터 두 번의 조건부 영업중단명령(C&D)를 받았고 두 번에 걸쳐 주식이 휴지조각이 될 뻔한 위기를 맞았다.

이같은 상황은 직접 경험하지 못하면 이해하기 어려울 것이다. 한마디로 표현하면 소화불량, 위궤양에 걸리고 불면증에 시달리는 상황이다. 그러나 나는 속으로는 인내하고 겉으로는 미소 지으며 직원들을 격려하고 투자를 유치했다. 그 인내의 결실로 윌셔 은행을 미국내 1등 은행으로 만들었고 오늘날 미국 100대 은행에 이름을 올린 뱅크 오브 호프 탄생의 밑거름이 됐다.

직장인의 인내

기업가의 인내도 중요하지만 직장인의 인내는 더 중요하다.

기업가의 인내는 자신과의 싸움에서 나오는 것이지만 직장인의 인내는 조직 또는 관계에서 나오는 것이기 때문에 더 힘들고 어렵다. 직장인의 인내는 주로 자존심에서 발생한다.

오래전 은행에 A, B 두 유능한 중간 간부가 있었다. 입행 시기도 같고 직급도 같아 사이좋게 지냈다. 그런데 인사 시즌이 돼 A가 공석이 된 자리로 승진 발령이 났다. 그런데 동기 직원인 B가 사표를 냈다. 이유는 동기인 A가 승진했는데 자신은 승진하지 못한 것에 불만이었다. 그런데 그 시기에 은행은 다른 은행과 인수 합병을 추진하고 있었고 합병이 되면 B를 승진시켜 주요 직책에 맡길 계획이었다.

그러나 은행은 합병추진 사실을 B에게 알려줄 수 없어 안타까워 할 뿐이었다. B는 그 후 비교적 작은 은행을 전전했다.

한 기업에서 일어난 일이다.

한 상사와 부하가 업무관계로 말다툼을 하다 부하가 필통을 바닥에 내동댕이쳤다. 순간의 화를 참지 못하고 선을 넘어 버린 것이다. 그 소문이 회사에 퍼졌고 이후 모든 상사들이 그 부하를 대하는 눈이 달라졌다. 상사들은 그 부하에게 업무를 시키지 않았다. 혹시 부하로부터 무슨 봉변을 당할지 몰라서였다. 그 부하는 소위 업무 왕따를 당하고 말았다.

직장에서 상사와 부하는 정말 인간적으로 통하지 않는 관계가 아니라면 태생적으로 부딪히고 충돌하는 관계다. 자라온 환경이 다르고 성격이 다른데 좋은 관계를 유지하는 것은 사실상 어렵다. 회사와 자신을 위해 서로 양보하고 이해하는 공존공생의 관계라 할 수 있다. 화가 나고 억울해도 참아야 하는 관계다.

2006년 독일 월드컵 프랑스와 이탈리아 결승전 때다.

프랑스 국가대표 유니폼을 입고 그라운드를 누비던 축구 스타 지네딘 지단이 이탈리아 마테라치 선수와 말다툼을 하다 화를 참지 못하고 머리로 마테라치 가슴에 박치기를 해버렸다. 마테라치는 벌렁 뒤로 나뒹굴었고 지단은 결국 레드카드를 받아 퇴장 당했다.

이 경기는 지단의 은퇴경기였다. 나중에 알려진 바에 따르면 마테라치가 지단의 누이를 모욕하는 발언을 해 지단이 도저히 참을 수 없었다고 한다. 지단의 행동을 이해는 하지만 잠깐의 화를 참지 못하고 지단의 멋진 경기를 기대했던 은퇴경기에서 씻을 수 없는 오점을 남기고 말았다. 지단의 화려했던 선수생활을 감안할 때 두고두고 아쉬움이 남는 은퇴경기였다.

물은 100도에서 끓는다. 그러나 많은 사람들이 99도에서 포기하고 만다. 1도를 참는 인내가 필요하다. 참을 인(忍)자를 세 번만 새기면 살인도 면한다는 말이 있지 않은가.

인내는 우리 삶을 통틀어 가장 중요한 요소이다.

열정, 그 아름다운 원칙

열정을 가져라

열정은 내 인생의 첫 번째 좌우명이라 할 정도로 내가 가장 중요하게 꼽는 덕목이다. '열정'이라는 뜻의 Passion의 어원은 라틴어인 Passo(고통), Pati(견디다)란 말에서 왔다. 예수님의 수난을 Passion으로 쓰는 의미다. 고통을 인내하고서라도 이루고자 하는 마음이 열정이다.

열정(Passion)은 모든 CEO들과 성공한 사람들이 꼽는 첫 번째 성공요소다. 열정은 가늠할 수도 없고 주입할 수도 없으며 가르쳐 줄 수도 없는 모호한 추상명사다. 그래서 말로 설명하기 어렵다.

성공한 사람들의 열정을 살펴보자. 스티브 잡스는 한 인터뷰에서 열정의 어려움을 이렇게 토로했다.

"성공한 기업가와 그렇지 않은 기업가를 나누는 절반 정도는 백전 불굴의 인내력이다. 너무 어려운 일이다. 엄청난 열정이 있지 않는 한 성공하지 못한다. 인생의 너무 많은 부분을 쏟아 부어야 한다. 누군가 나에게 하루하루를 인생의 마지막 날이라고 생각하며 살아라고 말했다. 그것이 열정이다"

목숨을 걸어라

이처럼 열정은 목숨을 걸어야 하는 것이다.

현대그룹의 고 정주영 회장도 성공을 하고 싶다면 목숨을 걸고 하라고 말했다. 그는 성공비결을 묻는 질문에 "모든 일을 할 때 목숨을 걸고 했다"고 말했다. 골프의 새 역사를 써가고 있는 골프 황제 타이거 우즈도 목숨을 건 연습이 오늘의 그를 만들었다.

한때 한국 젊은이의 우상이었던 대우신화 '세계는 넓고 할 일은 많다' 의 고 김우중 회장은 밥 먹는 시간이 아까워 5분을 넘기지 않았다고 한다. 설렁탕을 먹을 때는 직원들이 소금을 치는 시간에 후루룩 눈 깜빡할 사이에 먹고 나가 일을 했다.

그는 시차를 이용, 하루에 미국, 한국, 유럽을 돌며 아침 점심 저녁을 먹었다. 열정이 없이는 불가능한 일이다.

일에 목숨을 걸기 위해서는 내가 왜 그 일을 해야 하는가에 대한 뚜렷한 목적의식이 있어야 한다. 기업인이라면 세계 인류 평

뱅크 오브 호프 탄생 직후 이사회를 주재하고 있는 모습. 나는 일을 할 때는 언제나 주인의식을 가지고 열정을 다하라고 직원들에게 강조해 왔다. 열정은 목적을 향해 목숨을 거는 것이다.

화에 기여한다든지 부의 성공을 통해서 자선사업을 한다든지 청소년 스포츠 발전을 위해 일하겠다든지 아니면 조기 은퇴를 목표로 달려 간다든지 무슨 목적이든 목적이 있어야 한다.

그리고 그 목적을 향해 목숨을 걸어야 한다.

70년대와 80년대 선배 기업인들은 '잘사는 나라를 만들어보자'는 목적이 있었다. 박정희 대통령의 '경제대국'(經濟大國), 삼성의 '산업보국'(産業報國), 포항제철의 '제철보국'(製鐵報國)의 기치가 바로 그것이다. 이같은 기치를 내걸고 그들이 쏟은 열정은 목숨과도 바꾸는 숭고한 것이었다.

그들은 자신들이 흘린 땀방울이 나라를 살리는 길이라고 믿었다. 그들의 엄청난 희생이 없었다면 지금의 한국도 없었을 것이다. 나의 노력과 희생이 다음 세대에 더 좋은 사회와 국가를 물려줄 것이라는 사명감을 가져야 한다.

주인의식을 가져라

직장인들이 가져야 하는 열정은 바로 주인의식이다. 주인의식이 없이는 열정을 이야기할 수 없다.

회사를 경영하다 보면 말단 직원인데도 주인처럼 열정을 다해 일하는 직원을 본다. 그런 직원들은 상사나 주인의 입장에서 볼 때 보배 같은 존재다. 항상 긍정적이고 궂은일을 마다하지 않으며 회사 행사에서도 앞장서 일을 한다. 이런 사람들은 빨리 승진시켜 주고 싶고 봉급을 더 올려 주고 싶다. 그러나 대부분의 직원들은 봉급을 받는 것만큼 일하는 것 같다. 주어진 일만 하고 시계추처럼 출퇴근 시간을 잘 지킨다.

기업을 운영하는 친구의 이야기다.

한 직원은 말단 사원시절부터 회사의 주인처럼 일했다. 오랫동안 그를 아는 사람들도 그가 그 회사의 주식을 보유하고 있거나 주인의 가족 또는 가까운 친척인 줄 알았다. 그는 일은 물론 회사가 재정적으로 어렵게 되자 스스로 자금을 마련하는 데 앞장섰다. 그는 샐러리맨으로서 오로지 신용을 담보로 수백만 달러의 자금을 조달해 회사가 회생하는 데 일조했다. 친구는 "어떤 때는 내가 주인인지 그 직원이 주인인지 헷갈린다. 저런 직원 한 사람만 더 있으면 회사를 더 키웠을 것"이라고 말한다.

그 직원은 현재 그 회사의 대표로 있다.

일을 할 때는 자신의 몸과 영혼을 다 바쳐야 한다. 신마저 감동해 도와줄 정도로 열정을 다하라. 기업인이건 직원이건 열정을 다하면 성공은 따라 오는 법이다.

나는 젊은이들에게 딱 3년만 열정을 투자하라고 권한다. 그것은 먼 훗날 인생에 둘도 없는 아름다운 추억을 장식할 것이라고 확신한다.

목숨을 건 열정, 성공을 위한 터보 엔진이 될 것이다.

제행무상(諸行無常)

세상의 모든 것은 변한다

나는 어릴 적부터 불교에 관심이 많았다. 불교에 심취했다고 할 수는 없으나 유교문화가 강한 한국인의 특성상 불교문화가 정서적으로 편안함을 주었다. 특히 불교 말씀 중 불과 몇 자로 된 단어에 심오한 뜻이 내포돼 있어 매력을 느꼈다.

나는 오랜 은행생활을 하면서 하루하루의 상황이 얼마나 변화무쌍한지를 몸소 체험해 왔다. 예금고 증가에 웃고 부실대출에 울고, 어디서 터질 줄 모르는 갖가지 금융사고에 마음 졸이며 하루를 열고 하루를 닫았다.

그런 세월에 내가 깊이 깨달은 것 중의 하나가 부처님 가르침의 핵심중의 하나인 제행무상(諸行無常)이다. 제행(諸行)은 세상의 모든 것을 뜻하며 무상(無常)은 항상 같지 않고 반드시 변한 다는 뜻이다.

겨울이 가면 봄이 오고 해가 떴다가 지고, 어린이가 어른이 되 는 이치와 같이 세상의 모든 것이 변한다는 뜻이다.

지금의 불행도 지금의 행복도 영원하지 않다는 것이다. 쥐가 높은 선반에 있는 쥐약을 먹지 못해서 슬퍼한다. 쥐약인지도 모 른 채 슬퍼하는 쥐의 모습은 권력과 돈에 집착해 현재의 행복을 보지 못하는 인간들의 모습과 같다.

이 세상에는 영원한 부자도 없고 영원히 가난한 사람도 없다. 누구든지 부자가 될 수 있고 부자도 가난하게 될 수 있다. 겸손 하며 주어진 상황에 최선을 다하고 노력하는 순간을 즐겨야 한 다. 진인사대천명(盡人事待天命: 최선을 다한 후 하늘의 뜻에 따른다는 뜻)의 자세로 기다려라.

다른 사람의 말에 기뻐하지도 말고 슬퍼할 필요도 없다. 왜냐 하면 기쁜 일도 슬픈 일도 언제 어떻게 변할지 모르기 때문이다.

요즘 현대인들의 삶은 너무 심각하다. 얼굴 표정이 너무나 근 엄하고 무표정해 말을 걸기도 겁난다. 세상의 온갖 걱정거리를 다 짊어진 것 같다. 메마른 삶에 촉촉하게 물기를 적셔라.

한국이 OECD 선진국 중 자살률이 1위 국가가 된 것은 놀라운 일이다. 2020년 모두 1만3,195명이 자살해 하루 평균 36.1명이 목숨을 끊었다. 이중 20대가 12.8%를 차지했다니 정말 충격적이다. 여러 가지 원인이 있겠지만 한국 사람의 급한 성격도 그한 원인이라고 생각한다.

조금만 더 생각하고 조금만 더 기다리면 해결될 일을 참지 못하고 극단적인 선택을 한다.

지나고 나면 별 것도 아닌데 그 당시에는 목숨을 걸 만큼 대단한 일로 생각한다. 부처님의 말씀에 따르면 우리의 존재는 불생불멸(不生不滅)이다. 다만 존재할 뿐이고 다만 변화할 뿐이다.

이 또한 지나가리라

이와같이 세상이 변하는 진리는 성경에도 많다. 지혜의 왕 솔로몬이 쓴 전도서에는 "헛되고 헛되며 헛되고 헛되니 모든 것이 헛되도다"(전 1:2)고 했다. 모든 것이 헛되니 너무 집착하지 말라는 뜻이다. 유대경전 주석서인 미드라쉬(Midrash)의 '다윗왕의 반지'에서 나오는 '이것 또한 지나가리라' 라는 말은 제행무상과 더 가깝다.

많은 사람이 알고 있겠지만 '이것 또한 지나가리라' 라는 말의 유래를 보자.

다윗 왕이 반지 세공인에게 "내가 승리를 거두고 너무 기쁠 때에 교만하지 않게 하고, 내가 절망에 빠지고 시련에 처했을 때엔 용기를 얻을 수 있는 글귀를 반지에 넣어라"고 명했다. 당황했던 세공인은 총명한 솔로몬 왕자를 찾아 이런 명을 받았으니 지혜를 달라고 하자 솔로몬은 반지에 '이것 또한 지나가리라'를 새기라고 말한 데서 유래됐다. '모든 것은 변한다'는 무상(無常)의 원리를 꿰뚫어 본 솔로몬의 지혜가 놀랍기만 하다.

이 세상이 살 만한 가치가 있는 것은 변하기 때문이다. 변화가 있기에 희망이 있고 겸손이 있고 절제가 있는 것이다. 만약 이 세상이 변화지 않는다면 어떻게 되겠는가.

좋을 때는 어려웠던 때를 기억하며 겸손하고, 어려울 때는 좋을 때를 기억하며 인내해야 한다. 성경 말씀 중 '우리가 주목하는 것은 보이는 것이 아니요 보이지 않는 것이니 보이는 것은 잠깐이요 보이지 않는 것은 영원함이라'(고후 4:18) 했다. 물질에 집착하는 인간의 어리석음에 깨우침을 주는 것으로 명심해야 한다.

당신은 알맞게 걷고 있다

뉴욕은 캘리포니아보다 3시간 빠르다. 그렇다고 캘리포니아가 3시간 뒤쳐진 것은 아니다. 그냥 뉴욕은 뉴욕 시간, 캘리포니아는 캘리포니아 시간일 뿐이다. 어떤 사람은 다른 사람보다 2년 빨리 22세에 대학을 졸업했다. 하지만 좋은 일자리를 얻기 위해 5년을 기다렸다. 어떤 사람은 일찌감치 25세에 CEO가 됐다. 그리고 많은 재산을 모으고 유복한 생활을 했다. 그러나 애석하게도 50세에 사망했다.

반면 또 어떤 사람은 50세에 CEO가 됐다. 그리고 90세까지 천수(天壽)를 누렸다. 어떤 사람은 40세인데 아직도 미혼이다. 반면 다른 어떤 사람은 결혼을 해서 그 나이에 자녀가 셋이다.

오바마는 55세에 미국 대통령직에서 은퇴했다. 그러나 바이든은 79세에 시작했다. 어떤 사람은 30대에 총장이 되고, 50대에 임페리얼이 됐다. 그러나 어떤 사람은 60대에 판매사가 됐다.

세상의 모든 사람들은 자기 자신의 시간대에서 일한다. 누구는 빠르고 누구는 늦은 게 아니다. 뉴욕이 캘리포니아보다 빠른 게 아니다.

그냥 모두 제 시간일 뿐이다.

당신 주위에 있는 사람들이 당신을 앞서가는 것처럼 느낄 수 있다. 어떤 사람들은 당신보다 뒤쳐진 것 같기도 하다. 하지만 모두 자기 자신의 경주를, 자기 자신의 시간에 맞춰서 하고 있는 것뿐이다.

그런 사람들을 부러워하지도 말고, 미워하지도 말고, 시샘하지도 말자. 그들은 자신의 시간대에 있을 뿐이고, 당신은 당신의 시간대에 있는 것뿐이다.

인생은 행동하기에 적절한 때를 기다리는 것이다. 긴장을 풀고 너무 초조해 하지 마라. 당신은 결코 뒤쳐지지 않았다. 그리고 이르지도 않다. 당신은 당신의 시간에 아주 잘 맞춰서 가고 있다. 꾸준히 걷는 자는 반드시 도달하는 법이다.

시계를 보지 말고 황소걸음으로 그냥 뚜벅뚜벅 걸어가라. 그게 당신의 시간대이고, 당신의 경주다.

경주가 끝나는 시간은 아무도 모른다.

한없이 부족한 미완성의 삶에 한 조각 조약돌을 채운다는 심정으로 회고록을 썼다. 나는 미완성을 좋아한다. 아니 삶은 미완성이라고 생각한다. 삶은 배워야 할 것들이 너무나 많기 때문에 한 생애에 이 모든 것을 다 배울 수 없다. 다만 그 완성을 위해 최선을 다하고 열정을 다 할 뿐이다.

나의 미래의 꿈은 현재 진행형이다. 이 세상에 완성의 삶이란 없다. 미래의 꿈을 향해 열정을 다하는 가슴 벅찬 삶을 살 때 그것이 진정으로 완성의 삶이다.

지난 40여 년 금융인으로서의 삶은 화려함보다는 긴장의 삶이었음을 고백한다. 회한도 많다.

잘나가던 철강사업을 갑자기 그만두고 철강 공장을 설립하려던 자금을 은행에 넣었다.

나는 생각했다. "나 역시 무거운 이민가방을 들고 온 초라한 이민자였다. 지금 수많은 이민자들이 성공을 위한 몸부림으로 은행 문을 두드리고 있다. 한인은행이 살아남지 못하면 한인 이민자들도 살아남지 못한다. 한인은행이 커야 한인들도 성공한다. 은행이 나에게 도움의 손길을 기다리고 있다. 은행을 통해 한인들에게 도움의 손길을 펴자"

오늘날 한인 경제가 성장했고 한인 정치력도 커졌다. 50여전 나의 작은 보따리가 오늘날 거대한 리저널 뱅크 탄생의 밑거름이 됐다.
나는 지금 무한한 보람을 느낀다.

어머니는 어릴 때부터 늘 나에게 말씀하셨다.
"욕심내지 말고 적게 먹고 적게 배설하라"
"남과 함께 더불어 살아라. 자선은 베푸는 것이 아니라 나누는 것이다"
나는 어머니의 이 두 가지 말씀을 인생의 잠언으로 삼고 살아왔다.
욕심이라는 불청객이 주변을 맴돌 때, 그리고 나누는 행복이 그리울 때는 언제나 어머니의 말씀을 떠 올렸다.

태양에 바래지면 역사가 되고 달빛에 물들면 신화가 된다고 했던 가. 희미한 기억의 편린들을 밤낮으로 맞춘 이 회고록이 역사이든 신화이든 한 페이지의 기록으로 남아 현세대에는 격려와 자긍심을,

후세대에는 비전과 희망의 한 페이지가 되기를 염원한다.

　시공간을 넘나드는 메타버스 시대가 눈앞에 펼쳐지고 있다.
　이 회고록에 담지 못한 또 다른 우리의 삶과 꿈을 메타버스 한 광장
의 벤치에 앉아 서로 묻고 답하는 날을 기대해 본다.

어머니와 중학생인 나.

어머니의 기도

어머니의 기도는
나를 지탱해 준 힘의 원천이었다.

어머니는 언제나 나의 따스한 보금자리였다.
내가 외로울 때, 내가 슬플 때 어머니의 품을 스치면 치유가 됐다.
어머니는 이 세상에서 가장 편한 곳이었다.

어머니는 언제나 자상하셨다.
자식들에게도 이웃들에게도 똑같이 인정과 사랑을 베푸셨다.
어머니는 언제나 베품을 말씀하셨다.
그러나 자신에게는 엄격하셨다.

어머니는 홀로 세 아들을 모두 대학까지 교육시키셨다.
훌륭한 교육자였고 박애주의자였으며 고독한 도전자였다.
어머니는 나에게 오를 수 없는 산같이 높았다.

어머니는 늘 기도하셨다.
새벽에 눈을 떴을 때도 잠자리에 들 때도 항상 기도하셨다.
어머니는 언제나 욕심을 경계했다.
욕심은 남의 것을 탐내는 도적과 같다고 하셨다.
어머니는 적게 먹고 적게 배설하라. 남과 더불어 살아가라고 말씀
하셨다.
나는 어머니의 힘은 기도에서 나오는 것을 알았다.
어머니는 나에게 영적 가이드이셨다.

어머니에 대한 나의 추억은 가슴으로 묻고 가슴으로 답하는 그리움
의 추억이다.

70회 생일 때 찍은 가족사진.

나의 가족

가족은 나의 희망이며 소망이며 사랑이다.

가족은 언제나 나에게 따스한 빛을 선사한다.

그들은 나에게 맑은 샘물같이 솟아오르는

희망, 사랑, 감사, 인내, 용서를 선사한다.

그들은 나의 전부다.

고독한 도전, 아메리칸 드림을 넘어

A Lonely Challenge, Beyond the American Dream

금융인 **고석화** 회고록

지은이 | 고석화

펴낸날 | 2022년 4월 20일 초판 1쇄 발행

펴낸이 | 박종우

펴낸곳 | (주)재능교육

출판등록 | 1977년 2월 11일 제5-20호

주 소 | 서울시 종로구 창경궁로 293

전 화 | 02-744-0031, 1588-1132 팩스 02-6716-8158

인 쇄 | (주)재능인쇄

홈페이지 | www.jei.com

디자인 | 서혜원

ISBN 978-89-7499-394-8 03320